Mitarbeiterbefragungen

D1726987

Volker Nürnberg

Mitarbeiterbefragungen

Ein effektives Instrument der Mitbestimmung

1. Auflage

Haufe Gruppe
Freiburg · München · Stuttgart

Bibliografische Information der Deutschen Nationalbibliothek

Die Deutsche Nationalbibliothek verzeichnet diese Publikation in der Deutschen Nationalbibliografie; detaillierte bibliografische Daten sind im Internet über http://dnb.dnb.de abrufbar.

Print: ISBN 978-3-648-09483-9 Bestell-Nr. 10204-0001
ePub: ISBN 978-3-648-09484-6 Bestell-Nr. 10204-0100
ePDF: ISBN 978-3-648-09485-3 Bestell-Nr. 10204-0150

Volker Nürnberg
Mitarbeiterbefragungen
1. Auflage 2017

© 2017 Haufe-Lexware GmbH & Co. KG, Freiburg
www.haufe.de
info@haufe.de
Produktmanagement: Anne Rathgeber

Lektorat: Gabriele Vogt
Satz: Reemers Publishing Services GmbH, Krefeld
Umschlag: RED GmbH, Krailling
Druck: Schätzl Druck, Donauwörth

Inhaltsverzeichnis

Vorwort

Dieses Buch richtet sich an Personalmanager, die eine Mitarbeiterbefragung planen oder daran beteiligt sind und diese Befragung optimal mitgestalten wollen. Mit diesem Buch möchte ich meine Erfahrungen zu allen Punkten dieses Instruments weitergeben. Ich kenne das Thema seit über 10 Jahren zunächst aus der Sicht des Personalverantwortlichen, der Mitarbeiterbefragungen durchführt – sowohl lediglich ausführend auf Initiative der Konzernmutter als auch als strategisch gesamtverantwortlicher Personalmanager – und in den letzten Jahren auch als Berater, der zu Mitarbeiterbefragungen schult und berät, sowie für mittelständische Unternehmen plant und umsetzt. Sie finden Schritt für Schritt mit praktischen Beispielen und möglichst einfach und anschaulich erklärt, wie man eine Mitarbeiterbefragung optimal plant, typische Fehler vermeidet und die Maßnahme damit für alle Beteiligten effektiv gestaltet, kurz: zu einem für alle lohnenden Projekt macht.

Die Mitarbeiterbefragung ist kein »natürliches« Thema für Personalmanager, da hier nur eine indirekte Beschäftigung mit den Menschen im Unternehmen erfolgt. Das Unternehmen beschäftigt sich zwar im Rahmen einer Befragung mit allen Mitarbeitern, aber zwischen der Leitung und den Mitarbeitern stehen dabei mit den Umfrageergebnissen zunächst einmal Daten, die besondere Kenntnisse zur Gewinnung und Interpretation benötigen. Gelingt es, diese Daten nicht als Hindernis stehen zu lassen, dann ist eine Mitarbeiterbefragung ein großartiges Werkzeug für die Einbeziehung der Belegschaft: Hier wird den Mitarbeitern im Unternehmen zugehört, um mit diesen gemeinsam das Unternehmen weiterzubringen und zu entwickeln. Eine gute Mitarbeiterbefragung kann jedem Unternehmen großen Nutzen bringen: sowohl der Unternehmensführung als auch den Mitarbeitern und deren Interessenvertretern im Betriebsrat.

Gute Mitarbeiterbefragungen sind genauso gut vorbereitet und strukturiert, wie Personalmanager im besten Fall auch mit einzelnen Mitarbeitern kommunizieren, z.B. bei Einstellungs- oder Austrittsinterviews oder bei Zielvereinbarungs- und Beurteilungsgesprächen. Die Erfahrung[1] zeigt jedoch, dass oft viel falsch gemacht wird bei:

1. der Bündelung von Zielen und Interessen vor der Befragung und der Gewinnung von Unterstützern,
2. der Entwicklung von Fragen, Antwortmöglichkeiten sowie den erhobenen Informationen zur Demografie (Identifizierung) der Mitarbeiter,
3. der Kommunikation über Ziele und Maßnahmen der Frage,
4. dem Testen, Durchführen und Feinkalibrieren der Befragung,
5. der Auswertung und Ergebnisinterpretation,
6. der Kommunikation der Ergebnisse sowie
7. der Transfer- und Aktionsplanung.

Mitarbeiterbefragungen sollten in die Unternehmensstrategie eingebettet sein und die Mitarbeiter umfassend beteiligen: bei der Planung, bei der Nutzung der Ergebnisse und bei der Umsetzung von Verbesserungen und Änderungen, die sich aus der Befragung ergeben. Ich glaube, dass eine Mitarbeiterbefragung genauso wie eine Strategie ein wirksames Kommunikationswerkzeug ist. Gut gemacht können sich damit sowohl die Kommunikation im Unternehmen als auch die Beziehungen zwischen Mitarbeitern, den Führungskräften, dem Management und den Betriebsräten dauerhaft verbessern.

> Auch für Betriebsräte sind Mitarbeiterbefragungen ein sehr probates Mittel. Betriebsräte müssen sprichwörtlich ihr Ohr am Mitarbeiter haben. Ab einer gewissen Unternehmensgröße ist dies persönlich kaum mehr möglich; um die Interessen der Mitarbeiter dann wirksam vertreten zu können, muss »strukturiert« in die Mitarbeiterschaft hineingehört werden – dies ermöglicht die Mitarbeiterbefragung.

Dies alles beinhaltet der Titel: Eine Mitarbeiterbefragung ist, wenn sie gut gemacht ist, ein effektives Instrument zur Kommunikation und Mitbestimmung im Unternehmen. Mit »Mitbestimmung« ist dabei nicht nur die »traditionelle« Mitbestimmung der Betriebspartner im Gestaltungsrahmen des Betriebsverfassungsgesetzes gemeint, sondern insbesondere die Mitbestimmung durch alle Mitarbeiter, denen auf diese Weise strukturiert zugehört wird.

---

1 Church, H. und Waclawski, J.: Designing and Using Organizational Surveys, 1998.

Als Diplom-Statistiker arbeite ich seit 20 Jahren im Personalmanagement und seit 10 Jahren trainiere ich Personalmanager zu unterschiedlichen Fachthemen, auch international. Obwohl ich also bereits seit 20 Jahren im Personalmanagement tätig bin, hat es für mich länger gedauert, den »Weg« zu den Mitarbeiterbefragungen zu finden, auch wenn diese sich doch nun wirklich als Spezialgebiet für mich als Diplom-Statistiker anbieten. Aufgrund meiner vielfältigen Erfahrungen habe ich dieses Buch aber nicht primär aus der Brille des Statistikers geschrieben, sondern aus der Sicht des Praktikers und dabei die Aspekte der Kommunikation und der Zusammenarbeit in den Vordergrund gestellt. In diesem Buch finden Sie daher neben dem »How to« auch Checklisten, Beispielfragen und Antwortmöglichkeiten sowie Vorlagen zur Kommunikation. Am Ende jedes Kapitels habe ich die wesentlichen Punkte des jeweiligen Abschnitts kurz in Stichpunkten zusammengefasst.

Bedanken möchte ich mich zum Schluss noch bei einigen meiner Vorgesetzten, die immer an mich geglaubt und mir, dem exotischen Statistiker, die Möglichkeiten und Herausforderungen geboten haben, zum Personalmanager zu wachsen, insbesondere bei Dr. Franz Rottländer und Heinz-Jakob Holland. Nun aber wünsche ich Ihnen noch viel Spaß beim Lesen und hoffentlich Anregungen und Motivation, Ihre nächste Mitarbeiterbefragung aktiv mitzugestalten!

1 Strategische Ausrichtung einer Mitarbeiterbefragung

1.1 Geschichte, Initiatoren und Gründe

Mitarbeiterbefragungen haben eine lange Geschichte mit wechselnden Zielsetzungen. Deren Entwicklung wurde befördert durch die Anwendung statistischer Methoden, verbunden mit theoretischen Modellen des Qualitätsmanagements, und schließlich verhalf die Verfügbarkeit und Nutzung von schnellen und günstigen Systemen zur Datenerhebung und -auswertung zum Durchbruch und heutigen Verbreitungsgrad von Mitarbeiterbefragungen.

Bereits im 18. Jahrhundert wurden innerhalb der preußischen Armee Befragungen durchgeführt. Damals wurden Infanteriesoldaten in den sogenannten Conduitenlisten u. a. zum Verhalten der Offiziere befragt. Dabei wurde sich beispielsweise nach dem Ausmaß des Alkoholkonsums der vorgesetzten Offiziere erkundigt. Zu Beginn des 19. Jahrhunderts gab es in Frankreich Befragungen von Fabrikarbeitern, deren soziale Lebenssituation eruiert werden sollte. Zwischen 1924 und 1932 wurden in Chicago bei den Western Electric Company Hawthorne Works (einer AT&T-Tochter) die »Hawthorne-Experimente« durchgeführt. Ursprünglich sollte dabei das Verhältnis zwischen Beleuchtung und Produktivität bestimmt werden. Die dabei verwendete Vorgehensweise wurde beispielhaft für die Beobachtung und Befragung von Mitarbeitern, um daraus Ableitungen für unternehmerische Organisationen zu erzielen.

Der Statistiker und Ingenieur W. Edwards Deming studierte ab den 50er Jahren in Japan Methoden für die statistische Analyse und Kontrolle von Qualität und entwickelte dazu neben anderem einen umfassenden theoretischen Rahmen. Ab 1980 wurden vom US Naval Air Systems Command diese Ansätze und Modelle des Qualitätsmanagements in einen Rahmen zur Bewertung von Unternehmen gestellt, welcher die Erhebung und die Analyse von quantitativen und nicht quantitativen Daten erforderte. Die Notwendigkeit, die qualitativen Daten beim Mitarbeiter durch Befragungen zu erheben, förderte die weitere Entwicklung von Methoden hierzu.

Aus diesen Ansätzen entwickelte sich schließlich in den USA der Malcolm Baldrige National Quality Award (MBNQA), ein Qualitätspreis, welcher 1987 per Gesetz durch den amerikanischen Kongress eingeführt wurde. Seinen Namen erhielt er nach dem 1987 verstorbenen US-amerikanischen Handelsminister Malcolm Baldrige. Die Verleihung erfolgt seither jährlich vom jeweiligen amerikanischen Präsidenten persönlich.

Die Europäische Stiftung für Qualitätsmanagement, E.F.Q.M., wurde im Oktober 1989 gegründet, als die Leiter von 67 wichtigen europäischen Unternehmen ein Richtlinienpapier unterzeichneten und ihr Engagement für die Verwirklichung der Mission und Vision der EFQM erklärten. Die erste EFQM-Excellence-Award-Zeremonie fand 1992 in Madrid im Beisein des Königs von Spanien statt. In Anlehnung an den amerikanischen Preis entwickelte die E.F.Q.M ein Modell, »um Unternehmen und deren Qualitätsorientierung durch externe Juroren bewertbar zu machen … Der dahinterstehende Grundgedanke war, zentrale qualitätsrelevante Faktoren zu messen, um mit solchen Kennzahlen über mehrere Jahre hinweg ein Prozess-Controlling vornehmen zu können. Ein solcher wichtiger Faktor betraf u. a. die Mitarbeiterzufriedenheit und hieraus entstand der Bedarf, ein EFQM-taugliches (Befragungs-)Instrument zu entwerfen[2].«

Aufgrund des Durchbruchs von Microcomputern und der entsprechenden Software wurde die Durchführung von Mitarbeiterbefragungen immer einfacher und kostengünstiger. Schließlich entstand hierzu ein regelrechter Markt und es entwickelten sich Standards. In der Folge entstanden viele weitere Modelle und Preise zur Unternehmensbewertung, wie z.B. in Deutschland der »Great Place to Work«-Preis.

Fakten zu Mitarbeiterbefragungen

Einen Überblick über den gegenwärtigen weltweiten Verbreitungsgrad von Mitarbeiterbefragungen liefert eine regelmäßige Studie von Kanexa, einem globalen Anbieter von Business-Lösungen für Human Resources, genannt »WorkTrends«. Für diese Studie werden jedes Jahr Unternehmens- und Mitarbeiterdaten aus 14 Ländern erhoben, die in 2009 einen Anteil von 73 Prozent des weltweit BIP

---

2   E.F.Q.M. 1996; Jöns, Ingela und Bungard, Walther (Hrsg.): Feedbackinstrumente in Unternehmen – Grundlagen, Gestaltungshinweise, Erfahrungsberichte, 2005. Siehe auch Kapitel 7.

(IMF, 2009) ausmachten.[3] Die Mitarbeiter werden so ausgewählt, dass sie eine repräsentative Stichprobe für alle Mitarbeiter eines Landes in Bezug auf Industriemix, Stellenarten, Geschlecht, Alter sowie andere Schlüsselkennzahlen zu den Unternehmen und der Demografie der Mitarbeiter darstellen. In die Stichprobe aufgenommen werden nur Mitarbeiter aus Unternehmen mit mindestens 100 Mitarbeitern (25 in kleineren Volkswirtschaften), die zu 115 Items hinsichtlich Führung, Werte, Richtlinien und Prozesse sowie Arbeitszufriedenheit befragt werden. In der Studie von 2009 wurden etwa 22.000 Mitarbeiter befragt und die Ergebnisse in 2011/2012 publiziert.[4]

Nach dieser Studie gibt es die folgenden Durchführungsraten von Mitarbeiterbefragungen nach Ländern und nach Industriesektoren:

Verbreitungsgrad von Mitarbeiterbefragungen nach Ländern		
geringe Verbreitung (34-49%)	**mittlere Verbreitung (50-59%)**	**hohe Verbreitung (60-72%)**
Frankreich	Deutschland	U.S.A.
Italien	Brasilien	Kanada
Spanien		Großbritannien
Japan		China
Russland		Indien
Saudi Arabien		
Ver. Arabische E.		

Tab. 1: Verbreitungsgrad von Mitarbeiterbefragungen nach Ländern

---

3   Kanexa High Performance Institute, 2012.
4   Siehe auch Wiley, Jack: Strategic Employee Surveys: Evidence-based Guidelines for Driving Organizational Success, 2010.

Verbreitungsgrad von Mitarbeiterbefragungen nach Branche

geringe Verbreitung (40-49%)	mittlere Verbreitung (50-59%)	hohe Verbreitung (60-67%)
Buchhaltung, Anwaltskanzleien	Dienstleistungsgeschäft	Banken
Landwirtschaft	Versorger und Telekommunikationsdienstleister	Finanzdienstleister
Maschinen- und Anlagenbau	Bildungswesen	Gesundheitsdienstleister
Schwerindustrie (Bergbau, Eisen und Stahl)	Lebensmittelindustrie und Lebensmittelhandel	Hightech-Herstellungsindustrie
Konsumgüterherstellung (ohne Lebensmittel)	Regierung und Verwaltung	
Personaldienstleistungen	Medizinprodukteherstellung	
Restaurants und Gaststätten	Hotelgewerbe	
	Bergbau	
	Einzelhandel (ohne Lebensmittel)	
	Transportdienstleister	

Tab. 2: Verbreitungsgrad von Mitarbeiterbefragungen nach Branche

Gemäß dieser Studie sind Mitarbeiterbefragungen mit 72% am höchsten in den U.S.A. verbreitet, werden aber auch in aufstrebenden Schwellenländern wie China oder Indien von einer deutlichen Mehrheit der Unternehmen regelmäßig durchgeführt. Wie Kraut[5] erwähnt, fällt der Verbreitungsgrad von Mitarbeiterbefragungen in diesen Ländern noch höher innerhalb der Großunternehmen aus.

Aufgeschlüsselt nach Branchen konstatiert die Kanexa-Studie den höchsten Verbreitungsgrad von Mitarbeiterbefragungen bei Banken (67%), bei Gesund-

---

5   Kraut, Allen: Getting Action from Organizational Surveys: New Concepts, Technologies, and Applications, 2006.

heitsdiensten und in der Hightech-Herstellungsindustrie (62%) sowie bei Unternehmen, die Finanzdienstleistungen anbieten (61%), also dort, wo institutionelles Wissen und Mitarbeiterbindung als entscheidend angesehen wird.[6]

Am wenigsten werden Mitarbeiterbefragungen in Industriesparten wie Buchhaltung und Anwaltskanzleien, der Landwirtschaft, dem Maschinen- und Anlagenbau, der Schwerindustrie (Bergbau, Eisen und Stahl), in der Konsumgüterherstellung (ohne Lebensmittel), bei Personaldienstleistern sowie in Restaurants und Gaststätten durchgeführt. Diese Branchen, mit Ausnahme der Ingenieurzweige bei den Maschinen- und Anlagenbauern, zeichnen sich durch überdurchschnittliche Fluktuation sowie vergleichsweise niedrigere Bildungs- und Ausbildungsinvestitionen aus.

In der Mitte finden sich viele stark regulierte Branchen wie Versorger und Telekommunikationsdienstleister, Unternehmen des Bildungswesens, der Lebensmittelindustrie und des Lebensmittelhandels sowie Unternehmen der Regierung und Verwaltung.

Wie Kraut erwähnt, lässt der Verbreitungsgrad von Befragungen nicht auf deren Qualität oder deren Einfluss auf die jeweilige Organisation schließen. Diesbezüglich kommt er zu dem Schluss, dass in der Hightech-Herstellungsindustrie *die beiden wichtigsten positiven Einflüsse* von Mitarbeiterbefragungen
a)   die Verbesserung der Prozesse in der Organisation und
b)   der internen Kommunikation
und *die beiden größten Schwachstellen*
a)   das Fehlen von Follow-up-Aktionen und
b)   der fehlende Bezug zu den wirklichen Schwachstellen (aus der Sicht der Mitarbeiter) sind.

Für die deutschsprachigen Länder ist eine Studie von Hossiep & Frieg[7] am aussagekräftigsten. Hier wurden »die 820 größten Unternehmen in Deutschland, Österreich und der Schweiz zum Thema Mitarbeiterbefragung befragt«, mit dem Ziel »ein möglichst exaktes Bild davon zu erhalten, wie viele der größten

---

6   Boudreaut J. und Ramstad P.: Beyond HR: The New Science of Human Capital, 2007.
7   Hossiep, Rüdiger; Frieg, Philip: Der Einsatz von Mitarbeiterbefragungen in Deutschland, Österreich und der Schweiz. In: Planung und Analyse, 2008, S. 55-59.

Unternehmen heute Mitarbeiterbefragungen durchführen und wie sie diese realisieren«[8]. Diese Studie konstatiert die folgenden wesentlichen Ergebnisse:

- Die überwiegende Anzahl der in der Studie vertretenen Unternehmen (80%) haben mindestens schon eine Mitarbeiterbefragung durchgeführt.
- Knapp unter zwei Drittel (64%) dieser Unternehmen führen Mitarbeiterbefragungen regelmäßig durch.

Die folgende Tabelle zeigt die in der Studie erfassten Durchführungshäufigkeiten von Mitarbeiterbefragungen im Überblick:

Durchführungshäufigkeit im deutschsprachigen Raum				
Häufigkeit	Jedes Jahr	Alle zwei Jahre	Alle drei Jahre	Sonstige Häufigkeiten (von 4 Mal im Jahr bei 4 Unternehmen bis einmal alle 5 Jahre bei einem Unternehmen)
Anteil	32%	34%	12%	22%

Tab. 3: Durchführungshäufigkeit im deutschsprachigen Raum

Es finden sich auch Erkenntnisse dazu, mit welchen Ressourcen und ggf. Dienstleistern die Befragungen durchgeführt werden (siehe nachfolgende Tabelle).

Nutzungsgrad von Dienstleistern im deutschsprachigen Raum			
Dienstleister	Intern zusammen mit Berater	Nur mit Bordmitteln	Nur extern
Anteil	80%	15%	5%

Tab. 4: Nutzungsgrad von Dienstleistern im deutschsprachigen Raum

Am häufigsten wurden die folgenden beiden Themen als Inhalte genannt:

- Umsetzung der Strategie sowie
- Verbesserung der Kommunikation.

Die überwiegende Mehrheit der Studienteilnehmer bescheinigte zudem dem Instrument einen hohen Nutzen.

---

8   Ebda.

> **Zusammenfassung** !
>
> - Die Nutzung von Mitarbeiterbefragungen hat seit der Jahrtausendwende stark zugenommen; sie sind mittlerweile Standard in vielen Unternehmen.
> - Was die Nutzung von Mitarbeiterbefragungen betrifft, so bleibt Deutschland noch ein wenig hinter den angelsächsisch geprägten Ländern, aber auch im Vergleich zu Schwellenländern, wie Indien und China, zurück.
> - Innerhalb der Branchen ist der Verbreitungsgrad unterschiedlich. Er ist dort am höchsten, wo institutionelles Wissen und Mitarbeiterbindung als entscheidend angesehen werden.

1.2 Interessengruppen und Ziele

Für das Personalmanagement sind Mitarbeiterbefragungen in den letzten Jahren eine erfolgskritische Komponente geworden.[9] Trotzdem geht die Initiative für die Durchführung von Mitarbeiterbefragungen gemäß Hossiep & Frieg meist von der Unternehmensleitung aus. Und nur in wenigen Ausnahmefällen der durch Hossiep & Frieg befragten Unternehmen wurden Mitarbeiterbefragungen durch den Betriebsrat[10] initiiert.

Initiatoren im deutschsprachigen Raum	
Initiatoren	**%**
Unternehmensleitung	78%
Personalleitung	40%
Unternehmensleitung & Personalleitung	21%
Mitarbeitervertretungen	2,5%

Tab. 5: Initiatoren im deutschsprachigen Raum laut Studie Hossiep & Frieg, 2008

---

9   A Guide To Successful Employee Survey Research, 2016; http://www.insightlink.com.
10 Das Recht der Mitarbeitervertretungen hierzu leitet sich aus §80 Abs. 1 Nr. 1 u. Abs. 2 BetrVG ab, unter der Voraussetzung, dass sich die Fragen im Rahmen der gesetzlichen Aufgaben des Betriebsrats halten und die gewählte Art der Informationsbeschaffung oder des Informationsaustausches nicht zu Eingriffen in die Arbeitgebersphäre, zu Störungen des Betriebsablaufs oder des Betriebsfriedens führt (BAG v. 8.2.1977 – 1 ABR 82/74).

1.2.1   Interessengruppen

Wie bereits in der Tabelle ersichtlich, sind die relevanten Interessengruppen bei einer Mitarbeiterbefragung:

- Unternehmensführung
- Personalabteilung
- Führungskräfte
- Beschäftigte
- Interessenvertreter (Betriebsräte)

Deren jeweiligen Interessen liegen erfahrungsgemäß in den folgenden Bereichen[11]:

Unternehmensführung

- Stärken und Schwächen des Unternehmens aus der Sicht der Mitarbeiter ermitteln
- Führung, Zusammenarbeit und Kommunikation messen und verbessern
- Verbesserungspotenzial aufzeigen
- Informationen über Probleme im Bereich Arbeitssicherheit
- Arbeitszufriedenheit und Motivation der Beschäftigten messen und erhöhen
- Verbesserungsmaßnahmen für das Unternehmen ableiten
- Gestaltungsideen der Mitarbeiter erfragen
- Veränderungsbereitschaft der Beschäftigten erhöhen
- Identifikation der Beschäftigten mit den Unternehmenszielen und Leitbildern erreichen
- Firmenimage in der Außenwirkung verbessern
- Qualitätsmanagement unterstützen
- Ideen/Innovationsmanagement
- Überprüfung der Akzeptanz einer neuen Technik oder Methode
- Wirksamkeit von eingeleiteten Maßnahmen kontrollieren

In Summe kann jede Mitarbeiterbefragung als Messfühler den strategischen Interessen der Unternehmensführung im Sinne einer Armaturentafel dienen, wie die Messfühler des Benzintanks, des Kühlwassers, der Umdrehungszahl des Kolbens usw. in einem Auto.

---

11   Siehe auch Hinrichs, 2009 und http://www.2ask.de/, 2016.

Personalabteilung

- Zufriedenheit der Kunden mit den Dienstleistungen der Personalabteilung messen
- Konkrete aktuelle Weiterbildungsbedarfe ermitteln
- Zufriedenheit der Mitarbeiter mit den Systemen zur Arbeitszeit und/oder zum Entgelt sowie Hinweise oder Änderungswünsche der Mitarbeiter zu diesen Systemen ermitteln

Führungskräfte

- Bewertung der Führungsleistung durch die Mitarbeiter in eigenem Team ermitteln
- Bewertung von positiven oder eher kritischen Aspekten der eigenen Führung eruieren
- Vergleich zu anderen Führungskräften im Unternehmen
- Nachverfolgung von Fortschritten im eigenen Bereich aus der Sicht der Mitarbeiter (bei regelmäßiger Durchführung)

Mitarbeiter

- Arbeitsbedingungen im eigenen Sinne mitgestalten
- In Unternehmensentscheidungen eingebunden werden
- Den Arbeitgeber über die eigene Lebens- und Arbeitsrealität und deren Bewertung aufklären
- Möglichkeiten zur Verbesserung oder Veränderung aufzeigen

Interessenvertretungen (Betriebsräte)

- Themenfelder bewerten und Schwachstellen aufzeigen
- Bewertung durch die Mitarbeiter von Themen im Mitgestaltungsbereich der Interessenvertretungen ermitteln (wie z.B. Arbeitszeit, variable bzw. leistungsbezogene Entgeltelemente, Gesundheitsförderung oder sonstige Arbeitsplatzgestaltung eruieren, die Kultur des Unternehmens aus Mitarbeitersicht kennen)
- Ggf. eigene Initiativen (wie z.B. Altersvorsorge, Förderung der Aus- und Weiterbildung) unterstützen bzw. deren Fortschritt beobachten

1.2.2 Ermittlung der Themen und Ziele

Wenn man ein gutes Ziel definieren und die Befragung optimal durchführen möchte – d.h. mit Ergebnissen, die eine gute Basis für einen Aktionsplan bilden –, ist eine umfassende interne Abstimmung unabdingbar und es empfiehlt sich die Bildung einer Arbeitsgruppe.

Erste Aufgabe dieser Gruppe muss die Abstimmung der Ziele der Befragung innerhalb aller relevanten Interessengruppen sein. Diese Fokusgruppe sollte aus Vertretern aller relevanten Interessengruppen zusammengesetzt sein.

Unter der Berücksichtigung aller möglichen Interessen bietet sich die folgende Vorgehensweise als »Roadmap« für die Fokusgruppe an[12]:
1. Ziele abstimmen und festlegen
2. Entscheidungen einfordern
3. Ressourcen allokieren
4. Widerstand antizipieren
5. Kommunizieren

Um die Themen sowie die daraus sich ableitenden Ziele der Befragung unter Berücksichtigung der relevanten Interessengruppen zu definieren, wird in der Literatur, z.B. bei Church/Waclawski und Levenson[13], vorgeschlagen, mit **wertschätzenden und investigativen Fragen** (wie nachfolgend skizziert) bei ausgewählten Vertretern der Gruppen zu arbeiten:

Fragen zur Problembestimmung
In der Vorbereitungsphase der Formulierung von Fragen ist es hilfreich, mit Hypothesen zu arbeiten. Dabei ist eine Hypothese eine konkrete, jedoch noch allgemeine Behauptung. Im Vorfeld einer Mitarbeiterbefragung könnte dies beispielweise die »Behauptung« sein, dass der größte Schwachpunkt in der Unternehmensorganisation die Fähigkeiten der mittleren Führungskräfte sind. Die daraus abgeleiteten Fragen dienen der operativen Auseinandersetzung mit der

---

12   Siehe auch Church, a.a.O.
13   Levenson, A: Employee Surveys that work, 2014.

Hypothese, deren Ziel es ist, die Hypothese zu bestätigen (Verifizierung) oder zu widerlegen (Falsifizierung).

Wenn man noch keine Ausgangshypothesen hat, kann man mit den folgenden Fragen solche bilden, um später konkrete Fragen zu formulieren:

- Welche Informationen suchen Sie oder welches Problem wollen Sie lösen?
- Aus der Sicht der Mitarbeiter: Was sind einige der positiven Aspekte, um in dieser Organisation zu arbeiten?
- Was muss nach Meinung der Mitarbeiter geändert werden?
- Was sind Ihrer Meinung nach die Herausforderungen in der Führung?
- Wie wird Veränderung innerhalb der Organisation wahrgenommen?
- Gibt es noch etwas, was sich aus Ihrer Sicht auf die Umfrage auswirken würde?

Falls es schon Hypothesen zu dem Ergebnis der Befragung gibt:

- Welche sind die drei größten Management-Herausforderungen Ihrer Organisation?
- Welche sind die drei größten operativen Herausforderungen Ihrer Organisation?

Fragen zur Planung der möglichen Follow-up-Aktionen

»Wissen ohne Handeln ist nutzlos – Handeln ohne Wissen (meist) erfolglos.«[14]

Im Vorfeld geht es nicht nur darum, die richtigen Fragen zu den richtigen Sachverhalten zu stellen, sondern auch, die Erwartungshaltung des Unternehmens und seiner Mitarbeiter bezüglich der Folgeaktionen zu kennen und diese darauf hin angemessen zu planen. Die folgenden Fragen dienen der Klärung der Erwartungshaltung der Befragten mit Blick auf das Handeln nach der Befragung.

- Welche Einflüsse könnte die Befragung auf bereits angestoßene interne Maßnahmen und/oder Prozesse haben?
- Welche Entscheidungen könnten sich aus der Mitarbeiterbefragung ergeben?
- Welche Follow-up-Aktionen sind geplant/wollen wir planen?
- Wie können Sie Mitarbeiter und Führungskräfte optimal einbinden?

---

14 Prof. Dr. Rainer Lersch, Philipps-Universität Marburg.

- Wie wird der Fortschritt der Aktionsplanung überprüft, überwacht und im Laufe der Zeit kommuniziert?
- Wie definieren Sie den Erfolg (mittelfristig/langfristig) nach der Durchführung einer Mitarbeiterbefragung?

Fragen im Vorfeld der Kommunikation zur Mitarbeiterbefragung

Neben den Fragen zur Hypothesenbildung über Problemfelder und der Erwartungshaltung der Mitarbeiter bezüglich der Nachfolgeaktionen helfen die nachfolgenden Fragen dabei, die Projektkommunikation zu optimieren.

- Werden alle Mitarbeiter von der MA-Befragung betroffen sein (das ist in der Regel der Fall) oder nur ausgewählte Mitarbeitergruppen?
- Wie können die Mitarbeiter optimal für die Befragung gewonnen werden?
- Welche Punkte/Probleme hat das Unternehmen früher schon festgestellt? Was geschah danach? Warum wurden ggf. Probleme nicht hinreichend korrigiert?

Insgesamt werden nach diesem Fragenprozess eine Vielzahl von Themen sichtbar, die es nun zu bewerten und zu priorisieren gilt. Church/Waclawski[15] schlagen nach dem vorgelagerten Workshop ein einfaches 2:2-Modell[16] wie folgt vor, um Themen für den Fragebogen auszuwählen.

---

15 A. a. O.
16 Diese Grafik wird mit freundlicher Genehmigung von John Wiley & Sons, Inc. in diesem Buch abgedruckt, darf aber in keiner Form oder auf irgendeine Weise elektronisch, mechanisch, durch Fotokopieren, Aufzeichnen, Scannen oder auf andere Weise vervielfältigt, in einem Abrufsystem gespeichert oder übertragen werden, es sei denn, dies ist nach den §§ 107 oder 108 des 1976 United States Copyright Act zulässig.

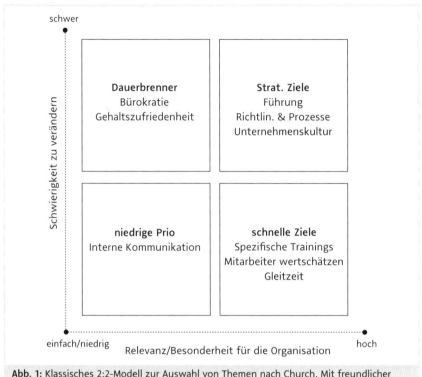

Abb. 1: Klassisches 2:2-Modell zur Auswahl von Themen nach Church. Mit freundlicher Genehmigung von John Wiley & Sons, Inc.

Nach diesem Modell werden alle gesammelten Themen in vier Felder einge-ordnet, wobei eine Achse die Themen nach Relevanz/Besonderheit für das je-weils zu befragende Unternehmen bewertet und die zweite Achse danach, wie schwer aus Sicht der Fokusgruppe Veränderungen zu diesen Themenfelder be-wirkt werden können.

Insbesondere die Themenfelder, welche sich hoch auf der ersten Achse finden, also für die jeweilige Organisation speziell und von hoher Relevanz sind, sollten für die Befragung ausgewählt werden, da diese für den Erfolg des Unterneh-mens besonders relevant sind und geändert werden können, entweder bereits kurzfristig (»schnelle Ziele«/»low hanging fruits«) oder aber eher schwer, dafür aber mittel- und langfristig notwendig, da sie kritisch für die »strategischen Ziele« des Unternehmens sind.

Themenfelder, die vom Fokusteam als weniger relevant und speziell für das Unternehmen bewertet werden, sollten nicht in der Mitarbeiterbefragung berücksichtigt werden. Sie sind zwar leicht zu ändern, aber nicht unbedingt relevant oder zu speziell, und haben daher eine »niedrige Priorität«.

»Dauerbrenner« müssen angegangen werden, aber ebenfalls nicht unbedingt sofort, da auch sie nicht besonders speziell für das betrachtete Unternehmen, sondern eher allgemein relevant sind. Daher stehen diese Themen aller Voraussicht nach auch nicht oben auf der »Wunschliste« der zu befragenden Mitarbeiter und sollten aus Gründen der Fokussierung und Praktikabilität nicht hoch priorisiert bzw. ausgewählt werden.

> **!** **Wichtig**
>
> Wichtig ist auch zu entscheiden, ob man mit der Befragung kritische Punkte analysieren möchte oder eine Entwicklung beobachten will. Zur Entwicklung oder Bestätigung von Hypothesen über mögliche Schwachstellen, die dann in der Befragung näher analysiert werden, bietet sich eine **vorgelagerte Pilotbefragung** an.

Weiterhin sollten die Themen der Mitarbeiterbefragung gut in die Gesamtheit aller Maßnahmen im Unternehmen eingebunden sein. Wiley[17] hebt die Bedeutung der Einbindung der Befragung in die strategische Ausrichtung des Unternehmens hervor. Levenson[18] empfiehlt zudem, die Ergebnisse mit anderen Messungen und Kennzahlen sowie Unternehmenskennzahlen zu verbinden.

> **!** **Gestaltung des Fragebogens**
>
> Es gibt Wechselwirkungen zwischen dem Ziel und der Struktur einer Mitarbeiterbefragung. Beispielsweise kann ein Fragebogen nicht gleichzeitig alle Themengebiete abdecken und kurz sein, um hohe Antwortraten zu erzeugen. Daher ist es unbedingt zu empfehlen, wenige, maximal 10 Themengebiete näher zu beleuchten. Die Ansicht, dass es doch mittlerweile eine »optimale« Auswahl von Fragen geben sollte oder dass auch die Dienstleister mit Standardfragen arbeiten, ist weit verbreitet, führt aber meist nicht zum Ziel. Für den englischsprachigen Raum gibt es ein Buch von Kador, welches sich nur den »perfekten« Fragen für Mitarbeiterbefragungen widmet (siehe Kapitel 2.1.2). Der wesentliche Inhalt dieses Buches sind

---

17 A. a. O.
18 A. a. O.

aber Fragen, die dazu dienen, die Gründe und das Ziel einer Mitarbeiterbefragung herauszufinden.

Am Ende dieser Phase ist es wichtig, die **Ziele der Befragung**, so wie sie das Fokusteam festgelegt hat, **schriftlich in wenigen Sätzen festzulegen und durch die Geschäftsführung genehmigen zu lassen.**

Zusammenfassung   **!**

- Mitarbeiterbefragungen werden meist durch die Unternehmensleitung initiiert.
- Deren Durchführung bietet für den Personalbereich eine Chance zur strategischen Mitgestaltung.
- Zur Festlegung der Ziele sollte eine Fokusgruppe gebildet werden, die diese durch Befragung der relevanten Interessengruppen ergründet.
- Aus der Vielzahl von derart generierten Themen sind unter Berücksichtigung der Unternehmensstrategie und der Umsetzbarkeit die Themen zu priorisieren und einige wenige Themenfelder für die Befragung auszuwählen.
- Aufbauend auf diesen ausgewählten Themenfeldern sind die Ziele der Befragung konkret schriftlich festzulegen und durch die Unternehmensleitung zu genehmigen.

1.3   Erfolgsfaktoren

In den Büchern von Autoren mit langjährigen eigenen Erfahrungen mit der Durchführung von Mitarbeiterbefragungen, wie z.B. bei Wiley[19] und Levenson[20], werden die **Einbindung in die Unternehmensstrategie** und **die Handlungsorientierung**, d.h. mit Fokus auf Verbesserung und Zukunft (im Gegensatz zur Analyse der Vergangenheit), durchgehend als zentrale Erfolgsfaktoren einer Mitarbeiterbefragung genannt.

Am Ende von Mitarbeiterbefragungen liegen umfangreiche, vielfältige und aufschlussreiche Informationen vor. Dann ist die Gefahr groß, sich entweder zu sehr in die Details zu vertiefen und den Überblick zu verlieren oder auch vor der

---

19   A. a. O.
20   A. a. O.

schieren Menge der erhobenen Information zu kapitulieren. Ein Fokus auf diejenigen Dinge, welche sich realistischerweise beeinflussen lassen, also auf sinnvolle Möglichkeiten, hilft dabei sehr. Bei den Themen, die eher schwer zu ändern sind, bietet sich weiterhin an, sich auf solche zu konzentrieren, die zur gewünschten strategischen Ausrichtung des Unternehmens passen. Dort macht es dann auch Sinn, zusätzliche Ressourcen einzusetzen und ggf. wesentliche Änderungen vorzunehmen.

Wie Church[21] weiterhin hervorhebt, zeichnen sich erfolgreiche Mitarbeiterbefragungen durch Teamwork aller Interessengruppen im Unternehmen, durch einen wertschätzenden Umgang mit den Mitarbeitern und deren Antworten, durch Konzentration auf klare und spezifische Punkte und durch umfangreiche Kommunikation aus. Fragen und Auswertungen lassen sich nur durch Vorstudien, Pilotierung und kontinuierliche Verbesserung optimal gestalten.

> **! Wichtig**
>
> Die Ausgestaltung des gesamten Prozesses sollte von aufrechtem Interesse an den Mitarbeitern, ihren Ansichten und Ideen geprägt sein. Um die Mitarbeiter abzuholen, sollten Auswertungen einfach gehalten und auf Fachsprache verzichtet werden.

In der Follow-up-Phase brauchen die Führungskräfte Unterstützung (siehe Kapitel 5.2), da deren Kommunikationsverhalten äußerst kritisch für den Erfolg der gesamten Befragung ist. Die Erfahrung zeigt, dass viele Führungskräfte die Mitarbeiterbefragung zunächst eher als eine Art Beurteilung sehen und auf ein möglich gutes Ergebnis hoffen. Sollte das Ergebnis dann tatsächlich positiv ausfallen, besteht die Gefahr, sich damit zufrieden zu geben und nicht nach weiteren Themen zu suchen, die sich weiter optimieren lassen.

Sollten die Ergebnisse weniger positiv auffallen, besteht die Gefahr, dass Führungskräfte sich in einer Rechtfertigungshaltung sehen. Sie suchen dann nach Fehlern in den Fragen oder der Datenerhebung oder versuchen, den bloßen »Meinungen« der Mitarbeiter die Faktizität abzusprechen.

---

21 A. a. O.

In beiden Fällen bleibt das ganze Potenzial der Mitarbeiterbefragung als Ansatzpunkt zur Verbesserung der Arbeit im eigenen Bereich und der eigenen Führungsfähigkeiten ungenutzt. Deshalb sollten in der Kommunikation und in den Folgeaktionen die Führungskräfte umfangreich unterstützt und dafür ausreichend Ressourcen geplant und zur Verfügung gestellt werden.

Zusammenfassung **!**

Für den Erfolg von Mitarbeiterbefragungen sind die folgenden Punkte von herausragender Bedeutung:

- Einbettung in die Unternehmensstrategie
- Handlungsorientierung
- Teamwork und Einbindung aller Interessengruppen
- Anerkennung und Wertschätzung der Mitarbeiter
- Gute Planung und kontinuierliche Verbesserung für Durchführung, Auswertung und die Follow-up-Aktionen
- Dauerhafte und konsistente Kommunikation mit Fokus auf die wesentlichen Punkte und einfache Sprache
- Unterstützung der Führungskräfte in der Follow-up-Phase

1.4 Kosten und Nutzen

Die **Kosten** einer Mitarbeiterbefragung werden im Wesentlichen durch die folgenden Faktoren bestimmt:

- die Anzahl der befragten Mitarbeiter,
- die angewandte Methode bzw. Methoden (Online, Paper-Pencil oder TED),
- die Anzahl der verwendeten Sprachen bzw. der unterschiedlichen Länder in der Befragung,
- die Menge der Fragen,
- der Umfang der Auswertung und
- der Umfang der Folgeaktionen.

Eine Kostenprognose lässt sich erst nach Klärung all dieser Sachverhalte abgeben. Ebenso beeinflusst die Wahl des externen Anbieters die Kosten (näheres siehe Kapitel 2.3). Am günstigsten ist die Durchführung über Institute von Universitäten oder über kleinere mittelständische Anbieter, am preisaufwendigsten die Durchführung durch internationale Beratungsinstitute. Die Unterschiede zwischen der Unterstützung durch Universitäten bzw. deren angeschlossene Institute oder kleinere Anbieter für den Mittelstand sind enorm und unterscheiden sich – natürlich auch abhängig von den weiter oben genannten Faktoren um den Faktor 100, schwanken also von wenigen tausend Euro bis hin zu mehreren hunderttausend Euro.

Hinzu kommen die internen Aufwände zur Formulierung der Fragen innerhalb der Fokusgruppe sowie der Projektbegleitung während und nach der Durchführung, sowie die Aufwände der Führungskräfte und der Mitarbeiter der Personalabteilung. Insbesondere mit Blick auf diese indirekten Aufwände zeigt sich, dass man in Bezug auf die Relation zwischen Kosten und Nutzen bei einer »schlecht gemachten« Mitarbeiterbefragung sehr viel Werte »vernichten« kann.

Der erhoffte **Nutzen** von Mitarbeiterbefragungen liegt im Bereich der »soften« Faktoren, insbesondere in der Verbesserung der Kommunikation, der Führung und Beteiligung der Mitarbeiter. In der englischsprachigen Literatur wird dies sehr deutlich durch die Verwendung des Begriffes »Employee Engagement Surveys«, was man grob als »Messung von Einstellung und Motivation« von Mitarbeitern übersetzen kann.

!

Studien zum Erfolg von Mitarbeiterbefragungen

Es gibt im angelsächsischen Raum sehr viele Studien, die einen Zusammenhang zwischen verbesserter Einbindung, Mitwirkung und damit Einstellung und Motivation der Mitarbeiter untersucht haben und die zu positiven Ergebnissen kommen. Es soll aber nicht verschwiegen werden, dass es auch Studien gibt, die bestreiten, dass die Geschäftsergebnisse direkt von der Befragung der Mitarbeiter abhängen und durch diese verbessert werden.

Gleichwohl kann man bei regelmäßiger Durchführung von Befragungen die Verbesserung oder Verschlechterung der Antworten untersuchen und dabei zeigt sich aus meiner Erfahrung bei unterschiedlichen Unternehmen sehr wohl, in welchen Bereichen die Ergebnisse von den jeweiligen Bereichen genutzt wurden, im Dialog mit den Mitarbeitern Verbesserungen anzustoßen, z.B. in der Führung oder der internen Kommunikation und Beteiligung. Ebenso lassen sich Abweichungen vom Durchschnitt des Unternehmens in der Bewertung einzelner Faktoren meist unmittelbar mit dem »Bauchgefühl« verifizieren, d.h., Führungskräfte und Mitarbeiter der Personalabteilung, die die Bereiche, in denen die Abweichung konstatiert werden konnte, gut kennen, können sehr leicht Hypothesen entwickeln, warum in diesen Bereichen die Abweichungen auftraten (z. B. Führungswechsel, Personalengpässe etc.).

In diesen klaren Zusammenhängen ist auch der »Nutzen« von Mitarbeiterbefragungen zu suchen. Während sich bei regelmäßiger Durchführung der Befragungen leicht die Veränderung der subjektiven Einschätzung der Themen durch die Mitarbeiter messen lässt, ist es schwierig, jedoch nicht unmöglich, auch Verbesserung in harten Faktoren zu messen. Diese harten Fakten sind in höheren Anwesenheitsraten, höherer Leistung sowie in geringeren durch Fluktuation ausgelösten Folgekosten zu suchen und zu finden.

Aus meiner Sicht sollte vor der Durchführung einer Mitarbeiterbefragung sehr wohl eine Modellrechnung zu Kosten und Nutzen durchgeführt werden, welche die voraussichtlichen Kosten den notwendigen Verbesserungen von harten Faktoren gegenüberstellt, um so die Kosten der Befragung zu rechtfertigen. Eine solche Rechnung bleibt aufgrund der Annahmen immer nur eine Modellrechnung, hilft aber sehr wohl, bei der Planung, Durchführung und Auswertung der Befragung und insbesondere auch beim Augenmerk und der Ernsthaftigkeit bei den Folgeaktionen immer die Ziele des Projektes und den erwarteten »harten« Nutzen im Auge zu behalten.

Dauer einer Mitarbeiterbefragung
Auch der interne Aufwand sollte im Blick behalten werden. Die Dauer einer Mitarbeiterbefragung hängt von verschiedenen Faktoren ab, insbesondere dauert es bei einer erstmaligen Durchführung naturgemäß länger als bei regelmäßig durchgeführten Befragungen.

Nach Hossiep & Frieg[22] dauert es im deutschsprachigen Raum vom Beginn der Planung bis zu den ersten Ergebnissen durchschnittlich acht Monate und zwar
- vom Beginn der Planung von MAB's bis deren Beginn im Durchschnitt fünf Monate (Minimum 0,5 Monate und Maximum 15 Monate) und
- vom Beginn der Befragung bis zur Bekanntgabe der ersten Ergebnisse durchschnittlich drei Monate (Minimum 0,5 Monate und Maximum 9 Monate).

---

22 A. a. O.

> **!** **Zusammenfassung**
> - Bei den Kosten der Durchführung gibt es eine große Spannbreite, die von vielen Faktoren abhängt.
> - Erfolgreich können nur solche Mitarbeiterbefragungen sein, bei denen die internen Interessengruppen, Führungskräfte und Mitarbeiter umfassend eingebunden sind – auch hierfür entstehen Kosten.
> - Nutzen ergibt sich vor allem durch eine verbesserte Klarheit, der Zusammenarbeit (Strategieorientierung), Führung und Zusammenarbeit. Diese »soften« Verbesserungen sind erst mittelfristig zu messen.
> - Bei einer nicht erfolgreichen Mitarbeiterbefragung werden Werte vernichtet.

1.5 Rahmenbedingungen und Change

Genauso wie die klar definierten Ziele ist für die erfolgreiche Durchführung einer Mitarbeiterbefragung ein professionelles Change-Management von der Planung bis zum Abschluss der Follow-up-Aktionen erforderlich. Abgeleitet von Glatz/Graf-Götz[23] umfasst das Management von Veränderungen die folgenden Elemente:

- Lenkungsorgane (»Steuergruppe«) bilden und personell besetzen
- Eine Projektorganisation mit Ressourcen aufbauen
- Entscheidungswege definieren; Entscheidungen einfordern
- Kommunikationsbeziehungen aufbauen
- Veränderungsaktivitäten kontrollieren und evaluieren
- Auswirkungen auf das Ganze im Auge behalten

1 Projekt – 7 Prozesse
Wie Glatz/Graf-Götz[24] weiterhin bemerken, stehen hinter erfolgreichen Veränderungsprojekten sieben aufeinander aufbauende Prozesse:
1. Die Veränderung gestalten – Architektur, Design und Planung
   a) Klar definierte Aufgaben und Ziele
   b) Transparente Vorgehensweise (Arbeitsplan, Etappen)
   c) Klare Rollen im Projekt (wer ist wofür verantwortlich?)

---

23 Glatz, H. und Graf-Götz, F.: Handbuch Organisation gestalten (2. Auflage), 2011.
24 Ebda.

d) Klarheit, wie und von wem die notwendigen Entscheidungen getroffen werden
e) Raum und Zeit für die beteiligten Mitarbeiter
f) Kontinuierliche Umsetzung von Ergebnissen in der »Normalorganisation«
g) Investition in Lernen, Training und Reflexion
h) Unterstützung durch qualifizierte OE-Berater, falls keine internen Spezialisten zur Verfügung stehen

Der erste Prozess »Veränderung gestalten« deckt sich mit den Aktivitäten der Planung und Durchführung von Mitarbeiterbefragungen.

2. Veränderungsbedarf diagnostizieren – »Wir müssen handeln«
   Mit der Auswertung beginnt der zweite Prozess »Wir müssen handeln«, daran sollten sich auch die Auswertungsformate (siehe Kapitel 4) orientieren.
3. Zukunft sichtbar machen: Visionen, Ziele – »Wir können handeln«
4. Veränderung als psychosozialer Lernprozess
5. Lernen und Qualifizierung, Empowerment
6. Informations- und Kommunikationsprozesse gestalten
7. Veränderungen erfolgreich umsetzen

Diese Prozesse passen sehr gut zur Planung, Durchführung und Auswertung von Mitarbeiterbefragungen.

Die Prozesse 3.-5. und 7. beschreiben die notwendigen Aktivitäten in der Follow-Up-Phase und machen deutlich, wie entscheidend diese Phase für den Erfolg der Mitarbeiterbefragung ist, was nicht oft genug wiederholt werden kann. Der 6. Prozess ist eher übergreifend, denn der gesamte Prozess von der Planung über die Durchführung und Auswertung bis hin zu den Follow-Up-Aktionen muss von umfangreicher Kommunikation begleitet werden (siehe Kapitel 3.1)

Vier Phasen eines Veränderungsprozesses
Neben diesen sieben aufeinander aufbauenden Prozessen beschreiben Glatz/Graf-Götz auch vier klar abgegrenzte Phasen bei Veränderungsprozessen, welche ebenso die Phasen einer Mitarbeiterbefragung zusammenfassen (siehe nachfolgende Tabelle).

Vier Phasen von Veränderungsprozessen nach Glatz/Graf-Götz[25]

Phase	Themen und Schwerpunkte	Wege und Instrumente
Orientierungsphase »Ist etwas zu tun?«	Situation aus verschiedenen Blickwinkeln betrachten, bei Bedarf Veränderungen einleiten.	Analysieren, spüren, mit jemandem sprechen, Ideen für Verbesserungen entwickeln.
Situationsdiagnose »Unfreezing«	Genaues Analysieren der Situation, Handlungsbedarf erkennen, erste Ansatzpunkte für Veränderungen finden.	Selbstdiagnose, Beobachtung des Umfeldes, Analyseinstrumente einsetzen.
Veränderungen planen und Entscheidungen herbeiführen »Moving«	Visionen entwickeln, angestrebten Sollzustand erarbeiten, Veränderungsziele erarbeiten, Realisierung planen.	Kreative Prozesse, Gespräche, Reflexion, gute Praxis anderswo studieren.
Veränderungen umsetzen, Erfolgskontrolle »Refreezing«	Realisierung der Maßnahmen, Kontrolle und Nachjustierung, Gutes beibehalten.	Neues Verhalten zeigen, Training von Fähigkeiten, Reflexion.

Tab. 6: Vier Phasen von Veränderungsprozessen nach Glatz/Graf-Götz

! Zusammenfassung

- Für den Erfolg einer Mitarbeiterbefragung sind eine Projektorganisation und Ressourcen und klare Verantwortungen notwendig.
- Gerade bei der Festlegung der Ziele, bei der Planung, der Kommunikation und der Durchführung von Follow-up-Aktionen können Modelle aus dem Change-Management den handelnden Personen bei der Arbeit sehr hilfreich sein.

---

25 Ebda.

2 Planung einer Mitarbeiterbefragung

Am Anfang der **konkreten** Planung einer Mitarbeiterbefragung sollten die wesentlichen Themen, welche durch die Befragung näher analysiert werden sollen, innerhalb aller Interessengruppen, einschließlich des Betriebsrats, abgestimmt sein. Es sollte eine grobe Strategie dazu existieren, wie kommuniziert werden soll, welche Ergebnisse zu erwarten sind und wie Follow-up-Aktionen aussehen sollen. Erst danach geht es an die konkrete Generierung der Fragen.

2.1 Konzeption Fragebogen

Die Fragen der Mitarbeiterbefragung sollten sich bereits an den Themen, den erwarteten Ergebnissen sowie an den geplanten Follow-up-Aktionen orientieren.

Elemente des Fragebogens sind demografische Angaben, also allgemeine Informationen über Mitarbeitergruppen, nach denen sich die Befragungsergebnisse nach der Auswertung unterscheiden lassen, sowie Fragen und Antwortmöglichkeiten (auch Fragebogen-Items genannt).

2.1.1 Demografische Angaben

Die Auswertung der Mitarbeiterbefragung bestimmt die Anzahl der demografischen Fragen. Allgemein gilt: Weniger ist mehr. Beispielsweise macht die Frage nach dem Alter nur Sinn, wenn dies wirklich für die Auswertung relevant ist, ggf. ist die Betriebszugehörigkeit interessanter. Typische interessante demografische Fragen sind nach dem

- Geschlecht,
- Standort,
- Bereich/Abteilung,
- der Funktion (ggf. grobe Aufteilung) und/oder
- Betriebszugehörigkeit (in Gruppen).

Bei einer unternehmensweiten Befragung mit den gleichen Fragen über alle Mitarbeitergruppen und Standorte müssen zwangsläufig Kompromisse gemacht werden, denn viele sinnvolle Fragen sind nur für bestimmte Mitarbeitergruppen oder bestimmte Standorte relevant. Soll die gleiche Frage über alle Mitarbeitergruppen und alle Standorte ausgewertet werden, müssen die Fragen allgemeiner formuliert werden. Dies gilt insbesondere auch bei einer gleichartigen Befragungsdurchführung an vielen international verteilten Standorten eines Unternehmens.

Die Fragen und Antwortmöglichkeiten sollten mit Blick auf die geplanten Auswertungen und Folgemaßnahmen im Spannungsfeld zwischen Ausführlichkeit, Kürze und Aussagekraft ausgewählt werden. Beispielsweise würde man das Geschlecht oder die Betriebszugehörigkeit der Führungskraft einer Abteilung nur erheben wollen, wenn es auch geplant ist, nach diesem Kriterium auszuwerten; oder aber sollten bei vorgegebenen Antwortmöglichkeiten zu Führungs- oder Kommunikationsdefiziten nicht alle grundsätzlich (nach der Fachliteratur) möglichen Probleme zur Beantwortung gestellt werden, sondern nur solche, die man in den Folgemaßnahmen auch realistisch angehen kann.

Die folgende Matrix kann dabei helfen, die geeignete Anzahl von demografischen Kriterien zu bestimmen, welche in der Befragung erhoben werden sollen.

Zusammenhang zwischen Befragungskategorien und Auswertungsebenen

Kategorie/Ebene	Mitarbeiter	Team	Geschäftseinheit	Gesamtuntern.
Kultur und Organisationsklima				
Motivation und Mitarbeiterbindung				
Kommunikation und Arbeitsprozesse				
Führung				
Vergütung				
Arbeitssicherheit				
Organisationsklima				

Tab. 7: Zusammenhang zwischen Befragungskategorien und Auswertungsebenen

Richtschnur für das Ausfüllen dieser Tabelle sollten dabei die Auswertungsmöglichkeiten sein. »Motivation und Mitarbeiterbindung« ist möglicherweise ein Thema, was für alle Auswertungsebenen sinnvoll erhoben werden sollte, da auch individuell bedingt, während die Zufriedenheit mit der »Vergütung« vielleicht nur auf der Ebene »Gesamtunternehmen« Sinn macht. Letzteres ist aber wiederum für alle Ebenen dann sinnvoll, wenn die Vergütungsstrukturen in den einzelnen Geschäftseinheiten individuell sind und hier Freiheitsgrade existieren, also durch das Unternehmen beeinflussbar sind. Oder wenn man die Hypothese hat, dass z.B. die Führung in den Geschäftseinheiten unterschiedlich gut ist **und** einen Einfluss auf die Beurteilung der Vergütung hat **und** es geplant ist, diesen Zusammenhang in den Folgemaßnahmen zu untersuchen und zu beeinflussen.

Sollen Fragen nur auf Mitarbeiterebene in der Auswertung unterschieden werden, so werden auch nur demografische Fragen auf Mitarbeiterebene benötigt, z.B. Geschlecht, Betriebszugehörigkeit oder Alter. Wenn man die Fragen auch nach Team, Bereich oder Geschäftseinheit analysieren möchte, muss im demografischen Teil entsprechend auch nach diesen Unterscheidungskriterien gefragt werden. Diese bestimmen im Folgenden auch die möglichen Auswertungen (siehe Kapitel 4.2).

Man kann natürlich in Teilbereichen nach weiteren Informationen fragen. Dies bietet sich jedoch nicht im Rahmen einer unternehmensweiten Befragung, sondern eher bei kleineren **»Puls-Befragungen«** an, welche man zwischen den unternehmensweiten Befragungen durchführen kann.

Puls-Befragungen !

Umfangreiche Mitarbeiterbefragungen liefern viele Informationen. Eine jährliche Befragung liefert ein schönes, globales Bild über die Mitarbeiter und wie sie sich fühlen, wie auch über ihre Kultur und Arbeit. Das Problem dabei ist: In einem Jahr, dem durchschnittlichen Zeitraum zwischen zwei aufeinanderfolgenden Befragungen, kann viel passieren.

Eine Pulsbefragung ist dagegen sehr kurz und sehr spezifisch. Eine Pulsbefragung sollte etwa 5-10 Fragen beinhalten und den Fokus auf Verbesserungen in einem bestimmten Bereich oder zu einem bestimmten Thema legen. Im Gegensatz zu Vollerhebungen sind Mitarbeiter-Pulsbefragungen kostengünstiger und zeiteffizient. Mit den gleichen Fragen kann man sie häufig und einfach verwenden und den Mitarbeitern wertvolles Feedback auf regelmäßiger Basis zur Verfügung stellen.

Damit ist eine Pulsbefragung das perfekte Werkzeug, um schnell Verbesserungen zu identifizieren und herbeizuführen, ohne auf eine volle Mitarbeiterbefragung angewiesen zu sein.

Mündliche Interviews eignen sich besonders dann für eine Mitarbeiterbefragung, wenn sich Fragestellungen auf bestimmte Mitarbeitergruppen oder Problemstellungen beziehen und ggf. ein komplizierter Fragebogen erforderlich ist[26]. Beispielsweise könnte man bei bestimmten Arbeitsplätzen in einem Produktionsumfeld bei der Gefahrenbeurteilung in die Tiefe gehen, um besondere Gefährdungen auszuschließen, oder man könnte bei Führungsproblemen, welche sich im Ansatz aus einer Mitarbeiterbefragung ergeben, im nächsten Schritt mit weiteren diagnostischen Instrumenten wie einer 360°-Beurteilung etc. ein runderes Bild der Führungssituation im untersuchten Bereich herstellen.

2.1.2 Itemgenerierung (Fragen und Antwortmöglichkeiten)

Neben der Bestimmung der demografischen Fragen müssen nunmehr auch die eigentlichen Fragen und Antworten (Items) bestimmt werden, bei denen in der Befragung die festgelegten Themenfelder analysiert werden sollen.[27] Mit diesen Fragen werden die im Vorfeld bestimmten Themenfelder geschickt so in Fragen umgesetzt, dass man möglichst aussagekräftige Informationen zu diesen Themenfeldern mit dem Ziel der Problemanalyse und -lösung erhält.

! **Achtung**

In meinen Seminaren zu Mitarbeiterbefragungen höre ich immer wieder den Wunsch heraus, doch die »typischen« Fragen zu Mitarbeiterbefragungen preiszugeben. Weil eine Mitarbeiterbefragung aber erst dann erfolgreich sein kann, wenn im Vorfeld das Ziel innerhalb aller Anspruchsgruppen abgestimmt ist, sollte man auf solche Standardfragen erst im zweiten Schritt zurückgreifen.

---

26 Hinrichs, Sven: Mitarbeiterbefragungen. Hans-Böckler-Stiftung (Archiv betriebliche Vereinbarungen), 2009.

27 Das beste Buch über die Formulierung von Fragen und Antworten zu Mitarbeiterbefragungen, »Perfect Phrases for Writing Employee Surveys«, wurde von Kador, 2010, in Englisch geschrieben. Dort finden Sie, nachdem Ihre Ziele und Themenfelder klar abgestimmt und definiert wurden, zu jedem möglichen Themenfeld eine Vielzahl von möglichen Frageformulierungen.

Grundsätzlich muss zunächst zu jedem Themenfeld entschieden werden, mit welchen »offenen« und welchen »geschlossenen« Fragen gearbeitet werden soll.

- Für geschlossene Fragen gibt es vorgegebene Antwortkategorien, auch »Antwortskalen« genannt.
- Offene Fragen, d.h. Fragen, bei denen der Mitarbeiter frei antworten kann, d.h. ohne vorgegebene Antwortkategorien wie z.B. »Wie würden Sie die Kultur des Unternehmens xyz beschreiben?«, lassen sich schwieriger auswerten, generieren aber möglicherweise mehr wichtige Informationen.

Da, wie Levinson[28] es formuliert, Mitarbeiterbefragungen prinzipiell ein Instrument der (zwar einseitigen vom Mitarbeiter zum Unternehmen) Kommunikation sind, sind geschlossene Fragen eher dazu geeignet, schon bestehende Informationen oder »Hypothesen« über das, was die Mitarbeiter denken, zu bestätigen, während offene Fragen eher dazu dienen herauszufinden, was die Mitarbeiter denken und was diese bewegt. Wie vielfältig und hilfreich die Antworten auf offene Fragen sein können, zeigt das Beispiel von Anregungen der Mitarbeiter aus der Mitarbeiterbefragung in mehreren Werken für Dämmstoffe in 2007 in **Anlage E**.

Offene Fragen
Offene Fragen sind direkte Fragen, bei denen keinerlei Antwortmöglichkeiten vorgegeben werden. Der Befragte kann frei antworten.

Beispiel:
Wodurch kann im Unternehmen konkret die Kommunikation verbessert werden?

Dieser Fragetyp eignet sich besonders, wenn man eine Vielzahl unterschiedlicher Einschätzungen haben möchte und bei explorativen Fragestellungen, d.h., wenn man erst Ideen und Hypothesen zu bestimmten Fragestellungen erhalten möchte. Offene Fragen sind besonders sinnvoll, wenn Meinungen, Einstellungen, Vorschläge usw. interessieren, bei denen die wahrscheinlichen Antworten vorher schwer einschätzbar sind.

---

28 A. a. O.

Offene Fragen sind bei Befragungen sehr vieler Mitarbeiter nur im Ansatz aus-zuwerten. Die Datenmenge, die man dabei erhält, kann so groß werden, dass sich Schwierigkeiten bei der Auswertung ergeben, da die Antworten bei offenen Fragen kaum vergleichbar sind und eine geeignete Aufbereitung sehr viel Zeit in Anspruch nehmen würde (siehe Kapitel 4).

Geschlossene Fragen

Bei der Konstruktion von geschlossenen Fragen gibt es grundsätzlich die fol-genden Fragetypen[29]:

- Zustimmung (stimme überhaupt nicht zu; …; stimme absolut zu)
- Qualität (sehr schlecht; … ; sehr gut)
- Häufigkeit (nie; … ; immer)
- Effektivität (absolut nutzlos; … ; sehr effektiv)

Man hat die Möglichkeit einer eindirektionalen Skala (Schulnoten) oder einer Likert-Skala[30]. Die Häufigkeiten der gewählten (beantworteten) der Likert-Items werden häufig in der Auswertung als intervallskaliert verwendet (siehe auch Ka-pitel 4.1.3)

Zudem stellt sich die Frage, ob man eine »gerade« oder »ungerade« Zahl von Ant-wortmöglichkeiten wählt. Sowohl eine gerade als auch eine ungerade Zahl von Antworten sind gebräuchlich. Bei einer ungeraden Anzahl von Antworten gibt es eine neutrale Mitte (»weder noch«), während eine gerade Anzahl zur Entschei-dung nach einer Seite zwingt und daher auch die Auswertung erleichtert.

Abb. 2: Likert-Skala mit Smileys (ungerade Skala mit Mittelwert)

---

29 Siehe auch Church/Waclawski und Levinson, a.a.O.
30 Die Likert-Skala (nach Rensis Likert, (ausgesprochen Lick-ert) ist ein Verfahren zur Messung von per-sönlichen Einstellungen. Die Skalen bestehen aus Antworten vom Likert-Typ. Diese sind Aussagen, denen die Befragten auf einer vorgegebenen mehrstufigen Antwortskala mehr oder weniger stark zustimmen oder die sie ablehnen können.

Konstruktion der Antwortskalen

In einer Pilotstudie wird üblicherweise eine große Anzahl von Items (Antwort-möglichkeiten/Aussagen) getestet. Man verändert dann die Items oder stellt andere Fragen. Wenn mehr als 80% der Befragten einem Item maximal zustimmen, spricht man vom »Ceiling-Effekt«, und vom »Floor-Effekt«, insofern mehr als 80% der Befragten das Item ablehnen.

Typischerweise werden bei Mitarbeiterbefragungen die Fragen in einer »ange-nommenen Realität« formuliert wie: »Ich bin stolz, bei … zu arbeiten« und dann wird nach Zustimmung gefragt, z.B. bei einer geraden Anzahl von Antworten:

- Stimme absolut zu
- Stimme zu
- Stimme nicht zu
- Stimme gar nicht zu

Die Qualität der Formulierung von Fragen zu jedem Themenfeld lässt sich insbe-sondere durch die Bestimmung der **Reliabilität** und der **Validität** erklären. Diese beiden Begriffe sind wie folgt definiert:

1. Reliabilität (Wiederholbarkeit (oder Zuverlässigkeit) der Fragen)
   Das Ausmaß, bei Wiederholung der gleichen Fragen unter den gleichen Be-dingungen zu dem gleichen Ergebnis zu gelangen.
2. Validität (Gültigkeit der Fragen)
   Das Ausmaß, inwieweit die Frage den angestrebten Sachverhalt so misst, wie gemessen werden soll.

Die Wahl der Antwortmöglichkeiten ist entscheidend, um die Reliabilität als auch die Validität sicherzustellen. Mehrere Fragen zu einem Sachverhalt erhö-hen auch die Validität der Messung.

Tipp !

Die Anzahl der Fragen sollte vorher bestimmt sein, denn die Bereitschaft der Mitarbeiter/Befragten zur Beantwortung nimmt aus meiner Erfahrung nach ca. 30 Minuten kontinuierlich ab. Die Menge der daher sinnvoll stellbaren Fragen erhält man, wenn man aus der durchschnittlichen Antwortzeit und der Zeit, die vom Mitarbeiter für die Beantwortung der Fragen erwartet wird, die Anzahl der Fragen bestimmt.

> **!** **Zusammenfassung**
>
> - Bei der Fragebogenkonstruktion legen die demografischen Fragen den Umfang der Auswertungsmöglichkeiten fest, während die Itemkonstruktion den Zielen der Befragung folgt.
> - Für die Gestaltung der Antworten ist eine Auswahl von eindirektionalen oder Likert-Skalen zu treffen, wobei Likert-Skalen gebräuchlicher sind.
> - Außerdem ist zu entscheiden, ob eine ungerade oder gerade Anzahl von Antworten zugelassen wird; bei geraden Antworten müssen sich die Mitarbeiter eher festlegen.
> - Die Qualität der Fragen, insbesondere der Reliabilität (Zuverlässigkeit von Messungen) sowie der Validität (Gültigkeit der Messungen), lässt sich nur durch Vorerfahrungen oder Vorstudien im Rahmen der gegenwärtigen Befragung feststellen.
> - Offene Fragen liefern mehr Informationen als geschlossene Fragen, sind aber schwerer auszuwerten.
> - Idealerweise nutzt man offene Fragen eher in der Pilotierung, um die Qualität der geschlossenen Fragen zu erhöhen.

2.2   Durchführungsmethoden

Für die Durchführung einer Mitarbeiterbefragung sind allgemein das Verteilen von Fragen auf Papierfragebögen und Ausfüllen mit einem Stift (»**paper-pencil**«) sowie die Möglichkeit, die Fragen **online** zu beantworten, bekannt. Online werden solche Befragungen genannt, welche über einen Fragebogengenerator im Internet erstellt und dann im Internet oder Intranet veröffentlicht und online ausgefüllt werden.

Wenn ein Teil der Mitarbeiter keinen Zugang zu Computern hat, ist eine kombinierte Form der Befragung als Kombination von paper-pencil und online möglich, bei der nur diejenigen Mitarbeiter mit Computerzugang am Arbeitsplatz einen Fragebogen online erhalten und alle anderen Mitarbeiter den gleichen Fragebogen in der Papierversion zugestellt bekommen.

Daneben gibt es aber auch die Möglichkeit, die Fragen per Projektor an eine Leinwand (oder eine andere Projektionsfläche) zu werfen und die Antworten über ein **TED** (Tele-Dialog-System oder auch Audience-Response-System) zu erhalten.

Auf diese »dritte«, weniger bekannte Durchführungsmethode wird in diesem Buch etwas ausführlicher eingegangen.

Audience-Response ist eine Art von Interaktion, bei der Audience-Response-Systeme (auch TED-Systeme) verwendet werden, um Interaktivität zwischen einem Moderator und seinem Publikum zu schaffen. Systeme für co-lokalisiertes Publikum kombinieren drahtlose Hardware mit Präsentationssoftware und Systeme für entferntes Publikum arbeiten mit dem Telefon oder über das Internet für Zuschauer, die durch das Fernsehen oder das Internet teilnehmen. Die Handfernbedienung, welche genutzt wird, um auf Fragen zu antworten, wird oft als »Clicker« bezeichnet. Traditionell arbeiten diese Clicker mit eigener Software, wie beispielsweise die Firma »voteworks«[31]. Man kann von diesen Anbietern meistens sowohl nur die Geräte samt Software oder ein »Full-Service-Packet« kaufen, bei dem die Kodierung der Fragen in den Geräten, die technische Durchführung der Befragung und die Aufbereitung der Daten enthalten ist. Um einen störungsfreien Ablauf sicherzustellen, ist für die Nutzung dieser Systeme für umfangreiche Befragungen aller Mitarbeiter in jedem Fall ein solches »Full-Service-Packet« zu empfehlen, während für kleine Pulse-Befragungen, die öfter mit kleinerem Fokus durchgeführt werden, durchaus nur eine Gerätemiete in Frage kommt.

In jüngster Zeit gibt es auch neue Anbieter, welche ohne spezielle Hard- oder Software arbeiten und Open-Source- und Cloud-basierte Tools anbieten, die Antworten aus dem Publikum mit einer Reihe von persönlichen Endgeräten wie Smartphones und Laptops »einsammeln«. Anbieter sind Firmen wie »IQPolls«, »DirectPoll«, »Presentain«, »SlideKlowd« und »Sli.do«.

Für Unternehmen, die Mitarbeiterbefragungen durchführen wollen, sind TED-Systeme eine noch nicht sehr verbreitete, aber interessante Alternative. Insbesondere mit Hinblick auf die Interaktivität und den »Spaßfaktor«, wie auch auf die Möglichkeit, die Ergebnisse der Befragung sehr schnell verfügbar zu machen, eignet sich die Durchführung per TED.

---

31 www.voteworks.de/

Der Autor hat ein kurzes Video über die Verwendung eines TED-Systems erstellt und auf YouTube[32] verfügbar gemacht.

Abb. 3: Durchführung einer Befragung über ein Audience-Response (TED) System

Bei einem TED-System hat man grundsätzlich zwei Alternativen der Durchführung:

- Entweder fragt man zunächst die demografischen Angaben ab und kommt dann zu den inhaltlichen Fragen oder
- man lässt die Abstimmung pro Abteilung (geringstes Auswertungsdetail) zu.

Bei beiden Alternativen sehen die Mitarbeiter gleich das Abstimmungsergebnis, aber die zweite Alternative hat den großen Vorteil, dass die Mitarbeiter auch

---

32 V. Nürnberg: Mitarbeiterbefragungen mit einem TeleDialogSystem (TED) erstellen, durchführen und auswerten; www.youtube.com/watch?v=NnTPcYAdk4U&noredirect=1

die Ergebnisse der eigenen Abteilung sehen und die Befragung sehr spannend und interaktiv wird. In einem Unternehmen, bei dem der Autor TED-Befragungen nach der zweiten Alternative durchgeführt hat, waren bei der Abstimmung nur ein Techniker und ein Mitglied des Betriebsrats anwesend. Dieser hat bei negativ beantworteten Sachverhalten in der Runde konkret nach den Gründen dafür nachgefragt und diese dann anonymisiert.

Wie die zweite Alternative funktioniert, d.h., eine feste Zuordnung der Mitarbeiter zu Gruppen durch die »Festlegung« dieser Gruppen, das zeigt die folgende Grafik:

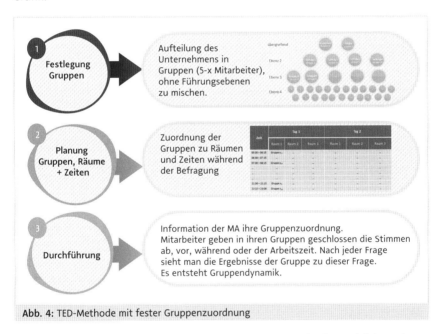

Abb. 4: TED-Methode mit fester Gruppenzuordnung

Jede Durchführungsmethode hat Vor- und Nachteile, wie die nachfolgende Tabelle im Überblick zeigt:

Pros und Cons der einzelnen Durchführungsmethoden

Methode	⊕	⊖
	<ul><li>Keine technischen Voraussetzungen nötig</li><li>Nur mit Bordmitteln möglich</li><li>Auch für Mitarbeiter ohne Bildschirmarbeitsplatz</li></ul>	<ul><li>Aufwand und Kosten für Druck, Austeilung und Einsammeln der Fragebögen</li><li>Hoher Aufwand (techn. und zeitlich) für die Auswertung</li><li>Beding. bei der Stimmabgabe nicht kontrollierbar</li><li>Mehrfachteilnahmen nicht ausgeschlossen</li><li>Keine Repräsentativität</li><li>Keine Rückfragen möglich</li></ul>
	<ul><li>Sichert hohe Teilnahmequoten und Repräsentativität</li><li>Auch für Mitarbeiter ohne Bildschirmarbeitsplatz</li><li>Hoher Datenschutz (Geräte können ausgetauscht werden)</li><li>Gleiche Bedingungen bei der Stimmabgabe</li><li>Hohe Datenqualität</li><li>Interaktivität; Teilnehmer kommen während der Stimmabgabe ins Gespräch</li><li>Macht Spaß</li><li>Sehr schnelle Auswertung</li><li>Rückfragen möglich</li></ul>	<ul><li>Hoher Aufwand bei der Planung und Durchführung der Gruppen</li><li>Demografische Auswertungen (Geschlecht, Alter, Herkunft etc.) nur eingeschränkt möglich</li></ul>
	<ul><li>Zeiteffizienz bei Erhebung und Auswertung</li><li>Automatisierbarkeit</li><li>Hohe Datenqualität</li><li>Erreichbarkeit, z.B. auch von MA im Home-Office, Elternzeit etc.</li><li>hohe Akzeptanz</li></ul>	<ul><li>Aufwand für die Einarbeitung in die Befragungssoftware</li><li>Bedingungen bei der Stimmabgabe können nicht kontrolliert werden</li><li>Schwierig bei Mitarbeitern ohne Bildschirmarbeitsplatz</li><li>Keine Repräsentativität</li><li>Mehrfachteilnahmen nicht ausgeschlossen</li></ul>

Tab. 8: Pros und Cons der einzelnen Durchführungsmethoden

Hossiep & Frieg[33] haben die Durchführungshäufigkeiten der einzelnen Durchführungsergebnisse untersucht und kamen zu folgendem Ergebnis:

Häufigkeit der einzelnen Durchführungsmethoden	
Methode	**Häufigkeit**
Papier-Stift	33,3%
Online	33,3%
Kombination	33,3%

Tab. 9: Häufigkeit der einzelnen Durchführungsmethoden (Hossiep & Frieg, 2008)

Zusammenfassung

- Neben den traditionellen Durchführungsmethoden »Papier und Stift«, sowie »Online« ist die Durchführung per TED-System eine interessante Alternative, insbesondere für kleine und mittelständische Unternehmen.
- Bei größeren Unternehmen kommen meist mehrere Durchführungswege vor und die Daten werden erst bei der Auswertung zusammengeführt.

---

33 Anmerkung: Die TED-Methode wurde im Buch von Hossiep & Frieg noch nicht betrachtet.

2.3   Marktüberblick Anbieter

Der Markt der verfügbaren Dienstleister für die Planung, Durchführung und Auswertung von Mitarbeiterbefragungen ist unübersichtlich und wächst ständig. Grundsätzlich gibt es die folgenden Gruppen von Dienstleistern:

a) Globale Beratungsfirmen
b) Marktforschungsinstitute
c) Anbieter von Online-Fragebögen-Software
d) Etablierte Anbieter von Enterprise Business Solutions (einschl. HR)
e) Universitäten
f) Anbieter für den Mittelstand:
   1. Trainer und Coaches
   2. Qualitätssicherungsunternehmen (teilweise branchenspezifisch)

In der »Personalwirtschaft«[34] findet sich eine aktuelle Zusammenstellung der in Deutschland tätigen größeren Globalen Beratungsfirmen und Marktforschungsinstituten. Diese Anbieter (a + b) haben größtenteils eigene (»proprietäre«) Software und maßgeschneiderte Dienstleistungsangebote. Sie werben mit ihrer (internationalen) Präsenz, ihren Erfahrungen und mit vorhandenen Vergleichswerten (Benchmarks), die den Vergleich der Ergebnisse von Befragungen zur Branche etc. ermöglichen. Andererseits ist bei diesen großen Anbietern die Flexibilität eingeschränkt und deren Möglichkeiten, auf individuelle Ziele der Unternehmen einzugehen, sind begrenzt oder mit erheblichen Zusatzkosten verbunden.

Der Bereich der Anbieter von Online-Fragebogen-Software ist riesig. Auf der Seite www.capterra.com/survey-software/ lassen sich aus der Vielzahl der möglichen Alternativen jeweils vier Anbieter gegeneinander vergleichen. In der **Anlage C** findet sich beispielhaft ein Vergleich der Angebote von

- Qualtrics
- Netigate
- SurveyMonkey

---

34 Wolters Kluwer Deutschland GmbH: MARKTCHECK Mitarbeiterbefragungen. In: Personalwirtschaft 09/14.

Anmerkungen:

- In dieser vergleichenden Gegenüberstellung fehlt der Anbieter »Survey-Gizmo«, welcher aber von Capterra in der Aufstellung »Most Popular Survey Software« mit 0,25 Mio. Kunden an vierter Stelle steht.
- Für den deutschsprachigen Markt ist auf jeden Fall noch das Berliner Start-up-Unternehmen LamaPoll (www.lamapoll.de/) zu nennen, welches sich insbesondere im Bereich Datenschutz und Bereitstellung von Anleitungen und Musterformaten positiv abhebt.

Fast alle dieser Anbieter arbeiten mit Beratern zusammen (teilweise exklusiv), welche Unternehmen helfen, Befragungen mit Hilfe ihrer Systeme umzusetzen. Sollten Sie in Ihrem Unternehmen einen oder mehrere Mitarbeiter haben, die die Ressourcen haben, sich in solche Systeme einzuarbeiten, können Sie jedoch durchaus die meisten Befragungen mit Bordmitteln abbilden und dadurch viele Kosten einsparen.

Einen interessanten Überblick über die Anbieter von »Unterstützungslösungen« für die Durchführung von Mitarbeiterbefragungen bietet auch Bersin by Deloitte[35]. In deren Bericht wird durch die Vielzahl der verfügbaren Anbieter über die folgenden Unterscheidungskriterien »navigiert«:

- Diagnose *(Werden validierte Diagnoseinstrumente gesucht?)*
- Grundlegender Change *(Werden hierzu Daten und Hilfsmittel benötigt?)*
- Messung von Veränderungen *(Liegt der Fokus auf Veränderungen?)*
- Benchmarking *(Stehen Vergleiche im Fokus?)*
- Kosten *(Sollen die Kosten möglichst gering ausfallen?)*

Sollen Mitarbeiterbefragungen mit der Unterstützung von Instituten durchgeführt werden, denen Universitäten angeschlossen sind (dort meist wirtschaftswissenschaftliche Fakultäten), ist dies oft eine günstigere Lösung. Außerdem bietet die Einbindung von Werkstudenten oder die Kooperation mit den Universitäten bei Masterarbeiten eine sinnvolle Möglichkeit der Zusammenarbeit und einer gleichzeitigen Ausbildung von potenziellen neuen Mitarbeitern.

---

35 Measuring Employee Engagement: Navigating the Options and Vendors, 2016.

> **!** **Zusammenfassung**
>
> Es gibt viele gute Vergleichsstudien und im Internet Portale, bei denen man diese bedarfsorientiert miteinander vergleichen kann.

2.4 Vollerhebung oder Stichprobe

Vor dem Hintergrund der **entstehenden Kosten** würde eine gute Stichprobe sicher ebenso aussagekräftige Ergebnisse bieten wie eine Vollerhebung, d.h. eine Befragung aller Mitarbeiter. Darauf geht Ingwer Borg[36] etwas ausführlicher ein, resümiert aber schnell, dass die Kosten für die Konstruktion (d.h. der Auswahl und »Verpflichtung« einer repräsentativen Gruppe von Mitarbeitern), Erhebung und Auswertung einer guten Stichprobe nicht unerheblich sind.

Rein **statistisch** kann eine Stichprobe die Meinung der Gesamtbelegschaft erstaunlich gut vorhersagen, sie erfordert allerdings gute Daten, Kompetenzen und Zeit. Außerdem eignen sich Stichproben primär zur Erhebung der Gesamtmeinung aller Mitarbeiter, können jedoch Folgeprozesse erschweren, weil häufig zu wenig Personen in der Stichprobe sind, um Details auswerten zu können. Nur Vollerhebungen liefern einen Detailgrad, um Veränderungen auch auf Bereichs- und ggf. Abteilungsebene nachzuhalten und umzusetzen. Zudem liefert eine Stichprobe keine exakten Aussagen, sondern unter Normalbedingungen (d.h. Gültigkeit der statistischen Annahmen) immer nur Schätzungen, d.h. Aussagen wie: »Die Zustimmung zu … liegt mit 95% Wahrscheinlichkeit zwischen 52% und 58%« o.ä.

Außerdem sprechen **psychologische Überlegungen** für Vollbefragungen, denn diese führen zu höheren Teilnahmequoten, erzeugen mehr Einbindung der Mitarbeiter und eignen sich daher deutlich besser, um Veränderungen umzusetzen, währenddessen die Ergebnisse von Stichproben immer leichter angreifbar sind.

In der Untersuchung von Hossiep & Frieg[37] waren 90% der durchgeführten Mitarbeiterbefragungen im deutschsprachigen Raum Vollerhebungen und 87% der durchgeführten Mitarbeiterbefragungen kamen unternehmensweit zum Einsatz.

---

36 Mitarbeiterbefragungen in der Praxis, 2014.
37 A. a. O.

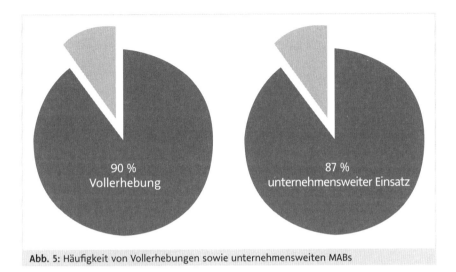

Abb. 5: Häufigkeit von Vollerhebungen sowie unternehmensweiten MABs

Zusammenfassung

- Rein statistisch kann eine Stichprobe die Meinung der Gesamtbelegschaft erstaunlich gut vorhersagen, sie erfordert allerdings gute Daten, Kompetenzen und Zeit.
- Für eine Vollerhebung sprechen vor allem psychologische Gesichtspunkte (den Daten wird eher »geglaubt«) und die Möglichkeit zur Auswertung von Details.
- In deutschsprachigen Unternehmen werden zu 90% Mitarbeiterbefragungen als Vollerhebungen durchgeführt.

2.5   Mitarbeitergruppen

Mitarbeiter sind nicht gleich Mitarbeiter. Auch gerade in Hinblick auf die Mitbestimmung sowie die Kommunikation lohnt es sich, ein wenig Augenmerk auf die genaue Definition der befragten Mitarbeiter zu legen:

- Sollen wirklich alle Mitarbeiter befragt werden, also auch Befristete, Auszubildende, Dual Ausgebildete und Trainees?
- Wie können und sollen inaktive Mitarbeiter (Mutterschutz, Elternzeit, Krankheit) erreicht werden?

Dies sind wichtige Fragen, die im Vorfeld der Befragung gemeinsam geklärt, in der Kommunikation und ggf. auch in der Auswertung und den Folgeaktionen explizit berücksichtigt werden sollten. Selbst eine vielleicht »trivial« anmutende Frage wie die Verfügbarkeit der Mitarbeiter durch Urlaub sollte nicht außer Acht gelassen werden. Grundsätzlich sollte jeder Mitarbeiter auch einen »Anspruch« darauf haben, dass seine Meinung gehört wird, und dies sollte nicht durch »ungünstige« Planung der Befragungszeiträume vereitelt werden.

3 Durchführung einer Mitarbeiterbefragung

Während im deutschsprachigen Raum beim Thema Mitarbeiterbefragung aus meiner Erfahrung und auch nach Durchsicht der verfügbaren Literatur die Datensammlung an vorderster Stelle steht, definiert Levinson[38] eine Mitarbeiterbefragung im Gegensatz dazu als **einseitige Kommunikation mit den Mitarbeitern**. Diese Sichtweise und Denkhaltung finde ich als »Personaler« viel besser. Wie gehen Sie mit einem Mitarbeiter um, wenn Sie ihr (oder ihm) zuhören? Genauso sollte auch die **Haltung sein, wenn man allen Mitarbeitern konzentriert, aktiv und wertschätzend zuhört.**

An dieser Stelle möchte ich auch auf den Titel dieses Buches eingehen. Neu ist in diesem Buch zweierlei, zum einen genau dieser Blick und Fokus auf die Mitbestimmung und Mitarbeiterkommunikation als auch die Einladung an die Interessenvertreter der Mitarbeiter, diesen Prozess aktiv mitzugestalten.

3.1 Kommunikation mit den Mitarbeitern

Kommunikation ist also der entscheidende Prozess, quasi die »Klammer« über alle Aktivitäten, welche im Zusammenhang mit einer Mitarbeiterbefragung durchgeführt werden. Daher lohnt es sich, an dieser Stelle einen Schritt zurück zu machen zu einigen Grundprinzipien der Kommunikation und dem CPR-Modell der Organisationalen Kommunikation nach Church und Kraut[39].

Die Forschung im Bereich der Kommunikation zu Qualitäts- (TQM) oder Entwicklungsinitiativen zeigt, dass man innerhalb von Organisationen strukturiert zu einer geeigneten Kommunikation kommen kann, wenn man sich die folgenden Fragen stellt:

---

38 A. a. O.
39 A. a. O.

1. Was wird kommuniziert? (Inhalt – englisch: »**C**ontent«)
2. Wie wird es kommuniziert? (**P**rozess)
3. Wer kommuniziert? (**R**ollen)

Das nachfolgende Schaubild[40] zeigt die drei Dimensionen dieses Modells im Zusammenhang.

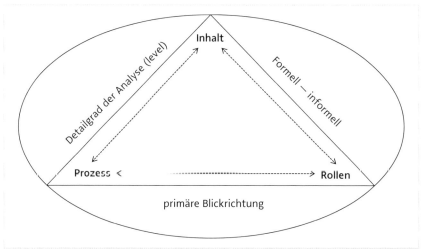

Abb. 6: CPR-Modell von Organisationaler Kommunikation nach Church. Mit freundlicher Genehmigung von John Wiley & Sons, Inc.

- Der *Inhalt* der zu vermittelnden Botschaft steht im Vordergrund und bestimmt das Ziel der Kommunikation (»Was will ich mit einer Kommunikationsintervention erreichen?«)
- Die Dimension *Prozess* beleuchtet, welche Werkzeuge, Methoden, Formate und/oder Muster für die Kommunikation verwendet werden.

---

40 Diese Grafik wird mit freundlicher Genehmigung von John Wiley & Sons, Inc. in diesem Buch abgedruckt, darf aber in keiner Form oder auf irgendeine Weise elektronisch, mechanisch, durch Fotokopieren, Aufzeichnen, Scannen oder auf andere Weise vervielfältigt, in einem Abrufsystem gespeichert oder übertragen werden, es sei denn, dies ist nach den §§ 107 oder 108 des 1976 United States Copyright Act zulässig.

- Bei *Rollen* geht es um eine eindeutige Zuordnung von Personen oder Funktionen zu Aufgaben oder Verantwortungen während der Planung, Durchführung, Auswertung und den Follow-up-Aktionen nach der Mitarbeiterbefragung.

Der Inhalt der Kommunikationsbotschaft(-en) ist entscheidend und beeinflusst den Kommunikationsprozess und dessen Rollen, andererseits können aber auch die gewählten Kommunikationsmittel und -formate wie auch die Akteure der Kommunikation den Inhalt beeinflussen, z.B., wenn einzelne Führungskräfte oder auch der Betriebsrat besonders positiv oder kritisch der Befragung gegenüberstehen und dies innerhalb der Befragung genutzt werden soll. Deshalb sind die Pfeile von oben nach unten jeweils nach beiden Seiten ausgerichtet.

Bezogen auf den Kommunikationsprozess ist der notwendige Detailgrad entscheidend für die Vielzahl der notwendigen Kommunikationsformate und bei einer informellen Kommunikation wird es mehr Akteure und mithin auch Rollen im Kommunikationsprozess geben als bei einer eher formalen »Top-down«-Kommunikation.

Bezogen auf diese Dimensionen und den Kontext Mitarbeiterbefragungen ergeben sich die folgenden drei **Schlüsselfragenbereiche** zur Kommunikation bei Mitarbeiterbefragungen:

1. Inhalt (Was?):
   - Warum wird befragt?
   - Wer wird befragt?
   - Was wird gefragt?
   - Welche Folgeaktionen sind gefragt?
2. Prozess (Wie?):
   - Welche Formate werden verwendet?
   - Wird per Email, Intranet, Meetings (welchen) kommuniziert?
   - Wie wird sichergestellt, dass alle Mitarbeiter angemessen über die Befragung informiert werden?
3. Rollen (Wer?):
   - Wer ist hauptverantwortlich, d.h., wer unterschreibt die Information und warum?
   - Wer informiert und wann?
   - Wer steht für Fragen zur Verfügung?
   - Wie ist der Betriebsrat eingebunden?

Zusätzlich zur Auswahl der geeigneten Kommunikationsform und der geeigneten Informationsmittel ist es bei der Kommunikation zu Mitarbeitern, insbesondere bei möglicherweise kritischen Kommunikationsinhalten, die man bei Mitarbeiterbefragungen ganz sicher nicht ausblenden sollte, sehr wichtig, die Balance zwischen notwendiger Informationsmenge und zu viel Informationen zu halten (siehe folgende Abbildung[41]).

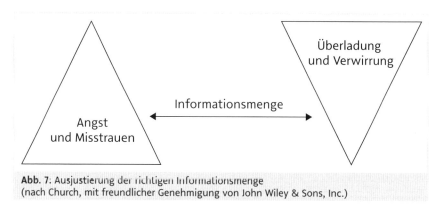

Abb. 7: Ausjustierung der richtigen Informationsmenge
(nach Church, mit freundlicher Genehmigung von John Wiley & Sons, Inc.)

Bei den Mitarbeitern soll durch geeignete Kommunikation auf möglicherweise vorhandene Ängste und Misstrauen angemessen eingegangen und damit Vertrauen geschaffen werden. Auf der anderen Seite soll der Mitarbeiter aber nicht durch zu viel oder ungeeignete Information überladen, verwirrt oder gelangweilt werden.

Zum Prozess der Kommunikation gibt es jeweils eine formale und eine informale Komponente, denn neben den eher formalen (meist vorbereiteten) Formaten gibt es auch die Möglichkeit, informell über Meinungsbildner und Beziehungen zu kommunizieren. Die Schwerpunktsetzung in diesen Bereichen beeinflusst natürlich auch entscheidend, welche Rollen in der Kommunikation zur Mitarbeiterbefragung bedient werden sollen. Die Vielzahl der effektiven Kommunikationswege und deren Effektivität hat Allan Church in seinem interessanten Buch

---

41 Diese Grafik wird mit freundlicher Genehmigung von John Wiley & Sons, Inc. in diesem Buch abgedruckt, darf aber in keiner Form oder auf irgendeine Weise elektronisch, mechanisch, durch Fotokopieren, Aufzeichnen, Scannen oder auf andere Weise vervielfältigt, in einem Abrufsystem gespeichert oder übertragen werden, es sei denn, dies ist nach den §§ 107 oder 108 des 1976 United States Copyright Act zulässig.

»Designing and Using Organizational Surveys«[42] untersucht: Interessanterweise sind es gemäß dieser Studie nicht die offiziellen, internen Kommunikationskanäle, über welche am effektivsten kommuniziert werden kann, sondern Gerüchte mit 72% Effektivität und externe Medien mit einer Effektivität von etwa 2/3. Weiterhin sind persönliche Kommunikationswege, idealerweise über die jeweilige direkte Führungskraft der Mitarbeiter, meist wirksamer als offizielle Informationskanäle.

Effektivität einzelner Kommunikationskanäle

Kanal	Wirksamkeit (von 1-5 auf 100%-Skala gebracht)
Gerüchte	72%
Externe Medien	66%
Über die direkte Führungskraft	65%
Unternehmenskommunikation	63%
Interne Mitteilungen auf Unternehmensebene	62%
Email	58%
Meetings	58%
Interne Videobotschaften	54%
Interne Mitteilungen auf Abteilungsebene	50%
Schwarzes Brett	43%
Kontakt mit der Unternehmensleitung	40%

Tab. 10: Effektivität einzelner Kommunikationskanäle

Dies sollte bei der Kommunikationsplanung berücksichtigt werden, indem man sich dieser informellen Informationswege bewusst ist und diese möglichst oft nutzt.

Ratschläge zur Kommunikation bei Mitarbeiterbefragungen

Im Zusammenhang mit Mitarbeiterbefragungen haben sich zudem einige Ratschläge zur Kommunikation mit Mitarbeitern herauskristallisiert, welche Church wie folgt hervorhebt:

---

42 A. a. O.

- Kommunizieren Sie vollständig, ohne zu überfrachten.
- Stellen Sie sicher, dass Kernbotschaften definiert sind und effektiv kommuniziert werden.
- Nutzen Sie unterschiedliche Methoden und Wiederholungen, um die Kernbotschaften effektiv zu kommunizieren und deren Verständnis sicherzustellen.
- Kommunizieren Sie offen und ehrlich.
- Erklären Sie die Rollen der einzelnen Stakeholder im Kommunikationsprozess.
- Die Kommunikation sollte idealerweise sichtbar von der Unternehmensleitung wie auch der Arbeitnehmervertretung durch persönliche Stellungnahmen (Einladung, Geleitwort etc.) mitgetragen sein.
- Die Verpflichtung zu angemessenen und nachvollziehbaren Follow-up-Aktionen sollte an geeigneter Stelle deutlich von der verantwortlichen Stelle ausgesprochen werden.

Die Kommunikation sollte vom Beginn der Planung einer Mitarbeiterbefragung bis zum Ende der Follow-up-Aktionen und in einem fortlaufenden Prozess auch bis hin zur Planung der nächsten Befragung kontinuierlich sein. Bezogen auf die Rollen und Inhalte gibt es eine gute Zusammenfassung von Church/Waclawski[43], welche die zu vermittelnden Kernbotschaften nach Zeitpunkten und -räumen sowie nach den Kommunikationsrollen wie folgt klassifiziert:

Kommunikation nach Thema und Befragungsphasen				
Rahmen	**vorher**	**während**	**nach**	**zwischen**
Management-Info	• Information über die Ziele der Befragung, die Vorgehensweise und wie die Ziele kommuniziert werden.	• Erinnerung an die Ziele und Bestätigung, dass den Ergebnissen Handlungen zur Verbesserung seitens der Unternehmensleitung folgen werden.	• Dankeschön für die Teilnahme.	

---

43 A. a. O.

Kommunikation nach Thema und Befragungsphasen

Rahmen	vorher	während	nach	zwischen
Datenschutz/ Mitbestimmung	▪ Hinweis auf den Datenschutz und ggf. auf die Zusammenarbeit mit dem Betriebsrat. ▪ Ggf. Erklärung, warum Zusammenarbeit mit einem externen Dienstleister.	▪ Hinweis, dass alle Antworten anonym ausgewertet werden, und auf die Regeln und Schutzmechanismen in diesem Zusammenhang.		
Plan und Teilnahme	▪ Zeitplanung für die Datenerhebung mit Beginn und Ende und Meilensteinen sowie der Raumplanung (bei Durchführung mit der TED-Methode) ▪ Hinweis auf die Wichtigkeit einer hohen Teilnahmequote, da nur so die Meinungen möglichst vieler Mitarbeiter berücksichtigt werden können.	▪ Regelmäßige Informationen über den Status der Befragung mit Zwischenständen bzgl. der Teilnahmequote (Gesamtunternehmen und nach Bereichen/ Business Units/ Divisionen) ▪ Hinweis darauf, wie teilgenommen werden kann. ▪ Hinweis auf Ansprechpartner bei Fragen und Problemen.	▪ Finale Teilnahmequoten (Gesamtunternehmen und nach Bereichen/ Business Units/ Divisionen)	▪ Planungen für die nächste Befragung

Kommunikation nach Thema und Befragungsphasen

Rahmen	vorher	während	nach	zwischen
Ergebnisse			▪ Top-Level zusammengefasste Ergebnisse.	▪ Bezugnahme auf erfolgreiche Änderungen, welche durch die Mitarbeiterbefragung angestoßen wurden. ▪ Betonung der Bedeutung für den Kunden und die Geschäftsergebnisse.
Aktionspläne			▪ Lokale Resultate und Vor-Ort-Pläne zur Verbesserung ▪ Einladung an alle, die Aktionspläne umzusetzen	▪ Anerkennung für Teams und Einzelne für die Gestaltung und Umsetzung der Follow-up-Aktionen ▪ Hinweis auf Bereiche, wo derzeit noch keine Verbesserungen erzielt werden konnten und Begründung, warum noch nicht.

Tab. 11: Kommunikation nach Thema und Befragungsphasen

In der **Anlage A** findet sich das Muster eines Einladungsschreibens für eine Mitarbeiterbefragung und in der **Anlage D** eine Musterkommunikation zu den Ergebnissen.

Zusammenfassung   **!**

- Jedes Kommunikationsformat und jeder Kommunikationsweg sollte bewusst und gezielt ausgewählt werden, beispielsweise gemäß dem CPR-Modell mit den richtigen Fragen zu Inhalt, Prozess und Rollen.
- An Mitarbeiter sollte frühzeitig und angemessen informiert werden.
- Die Kommunikation zu einer Mitarbeiterbefragung sollte neben den Zielen und Gründen der Befragung (positive Elemente) auch auf die erwarteten Ängste und Befürchtungen der Mitarbeiter oder der Arbeitnehmervertretungen eingehen (negative Elemente).
- Die Kommunikation begleitet den gesamten Prozess einer Mitarbeiterbefragung vom Beginn der Planung bis zum Ende der Follow-up-Aktionen.
- Bedenken Sie die folgenden Ratschläge zur Mitarbeiterkommunikation:
  - Kommunizieren Sie vollständig, ohne zu überfrachten
  - Stellen Sie sicher, dass Kernbotschaften definiert sind und effektiv kommuniziert werden.
  - Nutzen Sie unterschiedliche Methoden und Wiederholungen, um die Kernbotschaften effektiv zu kommunizieren und deren Verständnis sicherzustellen.
  - Kommunizieren Sie offen und ehrlich.
  - Erklären Sie die Rollen der einzelnen Stakeholder im Kommunikationsprozess.
  - Die Kommunikation sollte idealerweise sichtbar von der Unternehmensleitung wie auch der Arbeitnehmervertretung durch persönliche Stellungnahmen (Einladung, Geleitwort etc.) mitgetragen sein.
  - Die Verpflichtung zu angemessenen und nachvollziehbaren Follow-up-Aktionen sollte an geeigneter Stelle deutlich von der verantwortlichen Stelle ausgesprochen werden.
- Machen Sie angemessenen Gebrauch von informellen Kommunikationswegen.

3.2 Projektmanagement

Das Thema »Projektmanagement« soll hier kurz Erwähnung finden, da die Summe aller Aktivitäten der Planung, Durchführung und der Auswertung einer Mitarbeiterbefragung einschließlich der sich anschließenden Follow-up-Aktivitäten ein solch umfangreiches und komplexes Unterfangen ist, welches zur erfolgreichen Umsetzung auch eines professionellen Projektmanagements bedarf, insbesondere bei der erstmaligen Durchführung.

Unter Projektmanagement versteht man Tätigkeiten, Verfahren und Techniken, die mit der erfolgreichen Abwicklung eines Projektes verbunden sind. Die Norm DIN 69901 definiert entsprechend Projektmanagement als die »Gesamtheit von Führungsaufgaben, -organisationen, -techniken und -mitteln für die Abwicklung eines Projektes.«

In diesem Zusammenhang gibt es neben den nachfolgend benannten grundlegenden Aktivitäten des Projektmanagements, die an dieser Stelle nur stichwortartig aufgezählt werden, einzelne Spezifika, auf welche ich detaillierter eingehen möchte.

3.2.1 Grundlegende Aktivitäten des Projektmanagements im Zusammenhang mit Mitarbeiterbefragungen

- Projektdefinition
  - Festlegung der Themenbereiche und der Ziele der Befragung
  - Auswahl der Durchführungsmethode
  - Festlegung auf einen Durchführungspartner
- Projektplanung
  - Zeitplanung
  - Kommunikationsplanung
  - Aufgabenplanung
- Projektabwicklung
  - Insbesondere Intervention bei Fragen und Problemen
- Projektcontrolling
  - Sicherstellung der Budgeteinhaltung
  - Planung und Kontrolle der Follow-up-Aktionen
- Projektdokumentation
  - Vorbereitung und Roll-out der Kommunikation, insbesondere nach Befragungsende
  - »Lessons learned«

3.2.2   Weitere spezifische Aktivitäten

Besondere Aktivitäten des Projektmanagements bei einer Mitarbeiterbefragung sind die **Pilotierung der Fragen**, die **Kontrolle der Rücklaufquoten** und die **kontinuierliche Nutzung von Lernerfahrungen** vielfältiger wichtiger Aktivitäten bei wiederholter Durchführung der Befragung.

Pilotierung

Eine Pilotstudie ist eine Studie, die die Brauchbarkeit einer Hypothese im Kleinen durch das Einholen der Meinung bzw. Ansichten einer Kleingruppe untermauern soll, deren Mitglieder sowohl stellvertretend oder auch spontan ausgewählt wurden. Diese dient vor allem dem Verständnis der Fragen und deren Qualitätssicherung.

Eine solche Pilotstudie sollte in einem kleinen Rahmen mit allen relevanten Interessengruppen und idealerweise mit besonders erfahrenen und/oder besonders kritischen Mitarbeitern als »Testpersonen« durchgeführt werden (siehe auch »Pulsbefragung« in Kapitel 2.1). Der Betriebsrat sollte an dieser Stelle umfassend eingebunden werden.

Kontrolle der Rücklaufquoten

Die Höhe der Beteiligung bzw. der Rücklauf wird schon durch die Kommunikation im Vorfeld mitbestimmt. Mitarbeiter, die gut informiert sind und die Teilnahme für sinnvoll halten, werden sehr wahrscheinlich auch an der Befragung teilnehmen.

Im Rahmen der kontinuierlichen Information über die MA-Befragung sollten nach Beginn der Durchführung der Befragung die derzeitigen Quoten regelmäßig, idealerweise jeden Tag, kommuniziert werden. Mit einer »Hitliste« der aktuell höchsten Teilnahmequoten pro Bereich kann man ggf. einen »Wettbewerb« zur Teilnahme entfachen. Ebenso kann eine sehr geringe Teilnahme auch ein Zeichen sein, dass sich in den betroffenen Bereichen die Mitarbeiter zu wenig angesprochen oder nicht eingebunden fühlen.

Wiederholung und kontinuierliche Verbesserung

Bei regelmäßiger Durchführung sollten sich bei vielen Aktivitäten im Laufe der Zeit fortlaufend Verbesserungen ergeben. So sollten die Fragen fortlaufend auf ihre Verständlichkeit und Angemessenheit zu den zu untersuchenden Themenbereichen überprüft werden.

Die Analyse der Antworten im Zeitverlauf bietet eine gute Möglichkeit, die Wirksamkeit von Maßnahmen zur Organisations- und Personalentwicklung zu überprüfen. Ich habe erlebt, wie der Leiter eines großen Produktionswerks ebenso wie auch der junge CFO eines wachsenden Unternehmens – nach unterdurchschnittlichen Bewertungen der ihnen unterstellten Bereiche in einer initialen Mitarbeiterbefragung zu den Bereichen Führung und Kommunikation – sehr aktiv und offen die bereitgestellten Instrumente der Personalentwicklung, wie Coaching und Entwicklungsworkshops, mit deren Teams genutzt und sich damit in internen Rankings von ganz unten nach ganz oben »entwickelt« haben. Mit solchen Erfolgsgeschichten kann man die Wirksamkeit von Entwicklungsmaßnahmen sehr authentisch und nachvollziehbar kommunizieren und diese stolzen Führungskräfte sind hervorragende Botschafter für Entwicklungsmaßnahmen bei weiteren Mitarbeiterbefragungen. Ist man erstmal in einer positiven Entwicklungsbewegung, dann lassen sich manchmal auch weitere, kaum geglaubte Verbesserungen von bereits guten Ergebnissen erreichen.

Neben den Standardfragen können bei regelmäßigen Befragungen auch gerade aktuelle Themen bewertet werden. Wenn neue Personalinstrumente oder Organisationsstrukturen geschaffen werden, wie z.B. die Einführung eines »Employee-Self-Services« (ESS) und Manager-Self-Services (MSS) – d.h. Informationsbeschaffung und interaktive Workflows (automatisierte Prozessabläufe) auf einer neuen Intranet-Oberfläche, der Zentralisierung der Personaladministration in einem Shared-Service-Center verbunden mit der Weiterqualifizierung der Personalreferenten zu »HR-Business-Partnern« –, dann kann man im Rahmen einer Mitarbeiterbefragung diese Konzepte erklären und deren anfängliche Akzeptanz erfragen, sowie dann mit den Jahren und wiederholten Durchführungen die Evolution dieser Instrumente im Zeitverlauf untersuchen. Dies bietet sich gleichermaßen für aktuelle Qualitätsmaßnahmen oder Prozessverbesserungsinitiativen wie beispielsweise TQM[44], 6-Sigma[45] o. ä. an.

Die Fragen selber sollten ebenfalls regelmäßig auf Verständlichkeit geprüft und ggf. (leicht) angepasst werden, wobei der Charakter der Frage nicht verändert werden sollte, um die Möglichkeit des Zeitvergleichs nicht zu unterlaufen.

Zusammenfassung !
- Ein professionelles Projektmanagement ist für eine erfolgreiche Mitarbeiterbefragung Voraussetzung.
- Neben den üblichen Aktivitäten des Projektmanagements ist bei einer Mitarbeiterbefragung besonders auf eine Pilotierung (einen Test) der Fragen, auf die Kontrolle der Rücklaufquoten und auf die kontinuierliche Analyse und Optimierung der Aktivitäten zu achten.

3.3 Datenschutz und betriebliche Mitbestimmung

Arbeitgeber wie Arbeitnehmervertretungen haben großes Interesse daran, die Meinung und die Bedürfnisse der Mitarbeiter zu kennen. Datenschutz und betriebliche Mitbestimmung werden hier manchmal als Hürden gesehen, dabei geben sie doch Hinweise darauf, wie die Datenerhebung und -analyse optimal gestaltet werden können, um Akzeptanz bei der Mitarbeiterschaft zu erhalten und damit die Befragung insgesamt wirksamer zu machen.

3.3.1 Datenschutz

Der **Datenschutz** muss dabei aus meiner Sicht nicht als Hindernis oder »erschwerendes Merkmal« gesehen werden. Das Bundesdatenschutzgesetz ist

---

44 **Total-Quality-Management (TQM)** bezeichnet eine alle Bereiche einer Organisation umfassende kontinuierliche Tätigkeit, bei der Prozesse und Daten aufgezeichnet, bewertet und optimiert werden, mit dem Ziel, Qualität als Systemziel einzuführen und dauerhaft sicherzustellen.

45 **Six Sigma (6σ)** ist ein Managementsystem zur Prozessverbesserung, statistisches Qualitätsziel und zugleich eine Methode des Qualitätsmanagements. Kernelement ist die Beschreibung, Messung, Analyse, Verbesserung und Überwachung von Geschäftsvorgängen mit statistischen Mitteln. Dazu kommt häufig die Define-Measure-Analyze-Improve-Control(DMAIC)-Methodik zum Einsatz.

– das habe ich schon sehr oft von Praktikern gehört – eines der am besten durchdachten deutschen Gesetzeswerke, weil es ausgerichtet am Prozess der Datenerhebung, Datenspeicherung und Datenauswertung geschrieben wurde.

> **! Wichtig**
>
> In Deutschland ist nach dem Bundesdatenschutzgesetz (BDSG) die Verarbeitung von personenbezogenen Daten grundsätzlich verboten.
> Sie ist nur zulässig, wenn
> 1. alle betroffenen Mitarbeiter ihre explizite Einwilligung gegeben haben oder
> 2. wenn sie durch ein Gesetz oder durch einen anderen höheren Zweck, wie z.B. den Arbeitsvertrag (§32 BDSG), erlaubt ist (z.B. um Wahlen zu organisieren oder die Entgeltabrechnung durchzuführen) oder
> 3. wenn sie durch eine andere Rechtsvorschrift (das könnte z.B. eine Betriebsvereinbarung sein) erlaubt ist.

Gemäß §32 BDSG dürfen personenbezogene Daten eines Beschäftigten für Zwecke des Beschäftigungsverhältnisses erhoben, verarbeitet oder genutzt werden, Allerdings lässt sich daraus nicht die arbeitsvertragliche Nebenpflicht zur Meinungsabgabe bei einer Mitarbeiterbefragung ableiten. Die Zulässigkeitsalternative des §28 Abs. 1 Nr. 2 BDSG, soweit es zur Wahrung berechtigter Interessen der verantwortlichen Stelle erforderlich ist und kein Grund zu der Annahme besteht, dass das schutzwürdige Interesse des Betroffenen an dem Ausschluss der Verarbeitung oder Nutzung überwiegt, scheidet auch aus, da man hier auch die Interessen des Mitarbeiters gegen die Unternehmensinteressen (das Unternehmen ist »verantwortliche Stelle« im Sinne des BDSG) abwägen muss und das Persönlichkeitsrecht des Mitarbeiters sicher schwerer wirkt.

Die erstgenannte Möglichkeit, die Einwilligung aller Mitarbeiter zu erlangen, ist umständlich bis schwierig und die Auswertung der Befragung würde bei einer solchen Bedingung schwierig bis unmöglich werden, bzw. mindestens würde die Repräsentativität der Ergebnisse in Frage gestellt werden, sollten einzelne Mitarbeiter der Auswertung nicht zustimmen.

Mit nicht-personenbezogenen Daten wird es einfacher. Der Datenschutz wird nicht verletzt. Um Vertrauen in die Vertraulichkeit der erhobenen Daten sicherzustellen, kommt es auf die folgenden drei Punkte an:

1. Anonymität,
2. Freiwilligkeit und
3. Transparenz

Anonymität

Diese wird vor allem durch die »Feinmaschigkeit« der demografischen Fragen sichergestellt. Durch die Kombination von Auswertungsmerkmalen dürfen in keinem Fall kleinere Mitarbeitergruppen zu identifizieren sein als solche von 3-5 Mitarbeitern. In der Praxis ist es üblich, die Ergebnisse von Gruppen unterhalb dieser Schwelle erst in der nächsthöheren Auswertungsebene zu analysieren.

Wichtig ist dieser Aspekt auch besonders bei sogenannten Zusatzfragen. Diese kommen oft bei Online-Auswertungen zum Tragen, wenn z. B. bei negativer Beantwortung von Fragen in einem zweiten Schritt explizit nach Gründen gefragt wird. Derartige Zusatzfragen können aber unter Umständen die Anonymität wieder aufheben, wenn man durch Zusatzangaben im Fragebogen Rückschlüsse auf den beantwortenden Mitarbeiter ziehen kann.

In diesem Zusammenhang ist es sehr wichtig klarzustellen, ob die Zuordnung von Daten für Mitarbeitergruppen grundsätzlich möglich sind und diese dann sinnvollerweise nur beim externen Anbieter verbleiben und nicht ausgewertet werden, oder – besser – gar nicht erhoben werden oder – auf technischem Wege – gleich im ersten Auswertungsschritt »anonymisiert« werden, d. h. der nächsthöheren Auswertungsebene zugeschlagen werden. Das ist manchmal nötig, da man ja theoretisch ausrechnen kann, bei welchen demografischen Kombinationen mindestens drei Mitarbeiter in einer Gruppe sind (z. B. 30-34-jährige Männer in der Buchhaltung), aber diese Mindestmengen durch die Teilnahmequote tatsächlich geringer ausfallen können.

Außerdem ist es wichtig, sicherzustellen, dass die Anonymität auch nicht durch technische Möglichkeiten zur Auswertung von E-Mail- oder IP-Adresse ausgehebelt werden kann.

Alle Aspekte der Anonymität sollten vorab zusammen mit dem Datenschutzbeauftragten und dem Betriebsrat vereinbart und glasklar an alle Mitarbeiter kommuniziert werden (im Vorfeld, während und nach der Befragung).

Freiwilligkeit

Freiwilligkeit ist sichergestellt, wenn es freigestellt ist, ob der Mitarbeiter an der Befragung teilnimmt oder nicht, und wenn die Teilnahme nicht überprüft wird. Um Doppelabstimmungen einer Person zu vermeiden, ist es möglich, bei einer Online-Befragung einen Link zu generieren, der nur einmal gültig ist. Umgekehrt darf dies aber nicht zu einer Überwachung führen, wer schon an der Befragung teilgenommen hat. Bei Papierbefragungen kann man versuchen, Doppelabstimmungen zu vermeiden, indem man eindeutige Fragebögen mit kontinuierlich durchlaufenden Nummern verteilt.

Ob während oder außerhalb der Arbeitszeit abgestimmt werden soll, ist in diesem Zusammenhang eine entscheidende Frage und ein Spannungsfeld. Abstimmungen zu festgelegten Zeiten während der Arbeitszeit erhöhen zwar die Teilnahmequote, sind aber aufgrund des dabei entstehenden »Gruppendrucks« in gewissem Sinne weniger freiwillig. Gegebenenfalls lassen sich mit den Interessenvertretern Kompromisse aushandeln, wie z. B. eine Zeitgutschrift auf der Basis von durchschnittlichen Antwortzeiten für diejenigen Mitarbeiter, die nachweislich an der Befragung teilgenommen haben.[46]

Transparenz

Wie schon in der Kommunikation zur Anonymität erwähnt, ist eine klare und offene Kommunikation über alle relevanten Aspekte des Datenschutzes entscheidend, einerseits um eine hohe Teilnahmequote zu generieren, als auch um offene und ehrliche Antworten sicherzustellen. Transparenz fördert hohe Teilnahmequoten, welche letztendlich über die Qualität und die Glaubwürdigkeit der Befragungsergebnisse entscheiden. Wirkliche Transparenz entsteht, wenn die Mitarbeiter über den ganzen Prozess der Befragung, d. h. von den Zielen, der Berücksichtigung von Datenschutz und Mitbestimmung über die Planung, die Durchführung der Befragung, die Ergebnisse und Interpretation bis hin zu den Nachfolgeaktionen und deren Ergebnissen, mit einfachen und verständlichen Worten regelmäßig informiert werden und wenn es im Sinne von zweiseitiger Transparenz ebenso Ansprechpartner für Fragen gibt und Fragen zeitnah und nachvollziehbar von diesen Ansprechpartnern beantwortet werden.

---

46 Ganz wichtig ist in diesem Fall, dass nur festgehalten wird, dass der jeweilige Mitarbeiter überhaupt an der Befragung teilgenommen hat, in keinem Fall jedoch weitere Informationen der Befragungsumstände oder der Antworten festzuhalten.

3.3.2 Betriebliche Mitbestimmung

Wenn im Rahmen der Befragung Fragen zur Ausgestaltung des Arbeitsplatzes gestellt werden, die nicht personenbezogen sind bzw. nicht personenbezogen ausgewertet werden können, besteht bei allgemeinen Arbeitsplatzerhebungen kein Mitbestimmungsrecht des Betriebsrats im Sinne des BetrVG. Der Betriebsrat darf nach §80 Abs. 2 BetrVG vom Arbeitgeber Auskunft über die Ergebnisse und Einsicht in die erstellten Auswertungen nach der Befragung verlangen, wenn die hinreichende Wahrscheinlichkeit besteht, dass hieraus Erkenntnisse gewonnen werden können, welche sich auf Aufgaben des Betriebsrats beziehen. Es besteht also ein Informationsrecht für den Betriebsrat.

Beispielsweise wenn Fragen zur Situation der Arbeitnehmer im Unternehmen und zum Betriebsklima gestellt werden, insbesondere im Zusammenhang zu (bestehenden oder neuen) Regelungen der Ordnung des Betriebs und/oder zum Verhalten der Arbeitnehmer im Betrieb, also nach Sachverhalten, die nach §87 Abs. 1 Nr. 1 BetrVG der Mitbestimmung unterliegen, besteht ein Informationsrecht. Wird nach Entwicklungsmöglichkeiten sowie nach der Beurteilung von Gehalt und Sozialleistungen, also nach Sachverhalten, die der Mitbestimmung bei der betrieblichen Lohngestaltung nach §87 Abs. 1 Nr. 10 BetrVG unterliegen, gefragt, besteht ebenso ein Informationsrecht. Direkt oder indirekt wird man bei den meisten der Fragen, die gestellt werden, zu einem Informationsrecht des Betriebsrats gelangen.

Daher sollten ganz allgemein und unabhängig von dieser rechtlichen Erörterung die betrieblichen Interessenvertreter der Mitarbeiter so frühzeitig wie möglich, idealerweise bereits in der Planungsphase von Mitarbeiterbefragungen, eingebunden werden. Eine Befragung ohne die volle Unterstützung der Mitarbeitervertreter wird kaum die gleiche Wirksamkeit erzielen wie eine solche Befragung, die von den Interessenvertretern mitgestaltet und mitgetragen wird.

Zusammenfassung !

- Datenschutz und betriebliche Mitbestimmung sollten nicht als Hindernis, sondern eher als Leitschnur für die Durchführung einer Mitarbeiterbefragung gesehen werden, in deren Ergebnisse die Mitarbeiter Vertrauen haben.
- In Deutschland sollte ausgeschlossen werden, dass im Rahmen der Befragung personenbezogene Daten im Sinne des BDSG erhoben werden.

- Um Vertrauen in die Datenerhebung zu erzielen, sollten die Daten anonym, freiwillig und transparent erhoben werden.
- Der Betriebsrat sollte von Beginn an und umfassend in alle Aktivitäten einer Mitarbeiterbefragung, angefangen bei der Planung, eingebunden werden. Dies bietet sich nicht nur aus Rechtspflichten an, sondern deshalb, weil auch der Betriebsrat ein großes Interesse daran hat, dass die Ideen und Meinungen der Mitarbeiter gehört werden und ihnen damit die Möglichkeit zur Mitbestimmung gegeben wird.

4 Auswertung einer Mitarbeiter-befragung

Heutzutage ist es nach Befragungen, z.B. auch bei Wahlen, wichtig, die ersten Ergebnisse unmittelbar und weitere Auswertungen sehr schnell, d.h. wenige Tage nach dem Ende der Befragung, zur Verfügung zu stellen. Meine eigene Erfahrung, aber auch Church/Waclawski zeigen auf, dass in einem Rahmen von 1-2 Monaten nach Ende der Befragung ein hohes Interesse der Mitarbeiter an den Ergebnissen besteht (siehe folgende Abbildung[47]), welches danach stetig abnimmt. Daher sollte versucht werden, die wesentlichen Ergebnisse bereits innerhalb der ersten zwei Monate nach dem Ende der Befragung verfügbar zu machen.

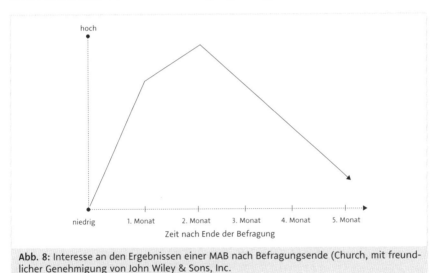

Abb. 8: Interesse an den Ergebnissen einer MAB nach Befragungsende (Church, mit freundlicher Genehmigung von John Wiley & Sons, Inc.

Aufgrund der Erkenntnisse aus der Planungsphase sollte es möglich sein, viele Schritte der Datenanalyse und -aufbereitung bereits frühzeitig zu planen und

---

47 Diese Grafik wird mit freundlicher Genehmigung von John Wiley & Sons, Inc. in diesem Buch abgedruckt, darf aber in keiner Form oder auf irgendeine Weise elektronisch, mechanisch, durch Fotokopieren, Aufzeichnen, Scannen oder auf andere Weise vervielfältigt, in einem Abrufsystem gespeichert oder übertragen werden, es sei denn, dies ist nach den §§107 oder 108 des 1976 United States Copyright Act zulässig.

vorzubereiten, um nach Vorliegen der tatsächlichen Antworten möglichst schnell voranzukommen.

4.1 Stufen der Datenauswertung

Grundsätzlich gibt es sechs Stufen für die Auswertung der Daten einer Mitarbeiterbefragung (siehe folgende Abbildung[48]):

1. Eingabe der Daten
2. Prüfung und Qualitätscheck der Daten
3. Kennzahlenbildung zu einzelnen Fragen und Themenbereichen
4. Analyse von Auffälligkeiten und Zusammenhängen
5. Kontrastanalysen/Benchmarks
6. Erstellung redaktioneller Analyseberichte

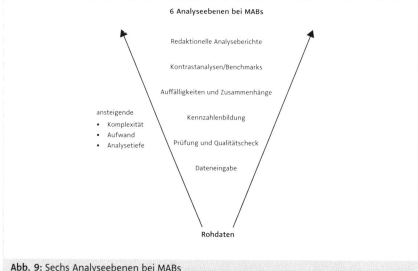

Abb. 9: Sechs Analyseebenen bei MABs
(nach Church, mit freundlicher Genehmigung von John Wiley & Sons, Inc.)

---

48 Diese Grafik wird mit freundlicher Genehmigung von John Wiley & Sons, Inc. in diesem Buch abgedruckt, darf aber in keiner Form oder auf irgendeine Weise elektronisch, mechanisch, durch Fotokopieren, Aufzeichnen, Scannen oder auf andere Weise vervielfältigt, in einem Abrufsystem gespeichert oder übertragen werden, es sei denn, dies ist nach den §§ 107 oder 108 des 1976 United States Copyright Act zulässig.

4.1.1 Dateneingabe

Der erste Schritt zur Auswertung ist die Dateneingabe bzw. Zusammenführung der Daten in ein einheitliches System und Format zur Auswertung.

Bei reinen Online-Befragungen oder reinen Befragungen mit einem TED-System liegen die Daten bereits elektronisch vor und müssen ggf. lediglich in ein anderes Format gebracht werden. Oft kommen die Daten jedoch aus unterschiedlichen Systemen und/oder aus Papierfragebögen. Die mit dem Stift auf Papier ausgefüllten Fragen müssen erst noch elektronisch erfasst werden. Dafür gibt es mittlerweile sowohl Scansysteme als auch Firmen, welche diese Dienstleistung anbieten, einschließlich Komplettanbieter für die Durchführung von Mitarbeiterbefragungen.

Eine wesentliche und relevante Fragestellung in diesem Zusammenhang ist diejenige nach dem Zugang und dem Verbleib der Rohdaten. Grundsätzlich kommen die beiden Alternativen des Verbleibs der Daten beim externen Dienstleister als auch der »Aufbewahrung« dieser Daten im Unternehmen, wo diese erhoben wurden, in Frage. Die Vor- und Nachteile dieser beiden Alternativen zeigt die nachfolgende Tabelle:

Vor- und Nachteile alternativer Sicherungsorte für Rohdaten		
Verbleib der Rohdaten	**Vorteile**	**Nachteile**
Unternehmen	▪ Daten können leicht mit anderen Unternehmensdaten verknüpft werden. ▪ Daten stehen unkompliziert für zusätzliche Auswertungen bereit. ▪ Falls internes Know-how zur Datenauswertung vorhanden ist, kann dieses genutzt und es können externe Dienstleistungen eingespart werden.	▪ Falls Daten individualisiert erhoben wurden, könnte der Datenschutz durch individualisierte Auswertung gefährdet sein; daher sollten Rohdaten im Unternehmen aus Datenschutzgründen grundsätzlich nur für Unternehmenseinheiten mit einer abgestimmten Mindestgröße (z.B. mindestens 3-5 Mitarbeiter) intern verfügbar gehalten werden. ▪ Die professionelle interne Auswertung der Daten erfordert Know-how, welches ggf. zunächst intern aufgebaut werden muss.

Vor- und Nachteile alternativer Sicherungsorte für Rohdaten

Verbleib der Rohdaten	Vorteile	Nachteile
Externer Dienstleister	• Hoher Datenschutz, da externe »Firewall«; bei Datenbereithaltung nur beim externen Dienstleister ist es leichter, den Mitarbeitern die Gewährleistung des Datenschutzes zu vermitteln; auch viele Betriebsräte bevorzugen daher eine externe Datenhaltung. • Der Dienstleister hat eine höhere Kompetenz zur Datenauswertung. • Externe Vergleiche und Benchmarks sind eher möglich, da viele Dienstleister über relevante Vergleichsdaten anderer Unternehmen verfügen.	• Zusätzliche Auswertungen und Dienstleistungen werden gesondert berechnet. • Datenmigration bei Wechsel des Dienstleisters ggf. schwierig. • Ggf. Schnittstellenprobleme, falls im Unternehmen oder beim Dienstleister die Auswertungssysteme geändert werden.

Tab. 12. Vor- und Nachteile alternativer Sicherungsorte für Rohdaten

4.1.2 Prüfung und Qualitätscheck

Sobald alle Daten in einem System verfügbar sind, müssen die Antworten einem umfassenden Qualitätscheck unterzogen werden, damit nur nachvollziehbare und plausible Ergebnisse ausgewertet werden. Dieser Schritt beeinflusst auch die Response Rate, da unbrauchbare oder nicht auswertbare Antworten von der gesamten Rücklaufrate abgezogen werden müssen.

Die Möglichkeiten für unbrauchbare bzw. nicht auswertbare Daten sind vielfältig:
a) **unvollständige Antworten**
   Bei Fragebögen (Rückmeldungen eines einzelnen Mitarbeiters) mit unvollständigen Antworten, d.h., einzelne Fragen wurden nicht beantwortet, ist zu entscheiden, ob man diese Fragebögen
   – berücksichtigt oder
   – nur teilweise berücksichtigt, d.h. nur für diejenigen Fragen und Themen, wo die Antworten gegeben wurden, was die Gesamtzusammenfassung der Ergebnisse aber ggf. erheblich erschwert oder

- ob man bei diesen Rückmeldungen die nicht abgegebenen Antworten durch den Durchschnitt der abgegebenen vollständigen Antworten in der kleinsten relevanten Vergleichsgruppe[49] ersetzt.

b) **Doppelte Antworten**

Doppelte Antworten, d.h. gleiche Beantwortung aller Fragen einer längeren Liste von Fragen in einer Vergleichsgruppe, sind statistisch sehr unwahrscheinlich. Falls diese Fragebögen durch Wasserzeichen, Nummerierung oder individualisierbare IP-Erkennung beim Dienstleister nachweisbar der gleichen Person zuzuordnen sind, kann man von doppelter Beantwortung ausgehen und sollte diese Antworten nur einmal auswerten.

c) **»Problematische Antworten«**

»Problematisch« sind solche Antworten, bei denen z.B. alles gleich ausgefüllt wurde (immer Mittelwert oder niedrigster Wert oder höchster Wert) oder immer »aufsteigend« oder »absteigend« bewertet (Frage 1 – Antwort 1; Frage 2 – Antwort 2, Frage 3 – Antwort 3 oder Frage 1 – Antwort 5; Frage 2 – Antwort 4; Frage 3 – Antwort 3) …

Wahrscheinlich hat der antwortgebende Mitarbeiter die entsprechenden Fragebögen sehr schnell, gedankenlos oder absichtlich so beantwortet. Auch hier ist eine Nichtberücksichtigung der entsprechenden Antworten empfohlen.

d) **Nicht vorgesehene Antworten**

Damit ist die Angabe von Werten gemeint, die nicht existieren (in Papierfragebögen z.B. 2,5 in der Mitte zwischen 2 und 3 eingetragen). Hier ist idealerweise in der Auswertung eine Antwort 2 zur entsprechenden Frage zu 50% und eine Antwort 3 zur entsprechenden Frage ebenso zu 50% zu berücksichtigen.

Wichtig ist bei allen nachträglichen Datenbeeinflussungen nach (a) bis (d) eine sehr offene Kommunikation, wo diese verständlich erklärt werden, idealerweise als Zusatz/Anlage bei allen verteilten Datenauswertungen.

Die in der Auswertung benannte **finale Teilnahmequote** sollte als die Anzahl aller auswertbaren Antworten bezogen auf alle Mitarbeiter, welche an der Befragung teilnehmen konnten, berechnet werden. Teilnahmequoten hängen von

---

49 Beispielsweise wurden in der Vergleichsgruppe der weiblichen Angestellten der Buchhaltung am Standort X bei 2 von 8 Antworten die Fragen zur Führung nicht beantwortet, dann könnte man bei diesen Fragen die nicht vorhandenen Antworten durch den Durchschnitt der Antworten der anderen 6 Mitarbeiterinnen zur Führung ersetzen.

der Fragestellung, Kommunikation und Begleitung, aber auch von der Industrie ab. Sie liegen üblicherweise zwischen 25% und 75%, eher in Ausnahmefällen höher oder niedriger; eine »Antwortquote um jeden Preis« ist aber nicht erstrebenswert!! Es zählt das persönliche Interesse an den Fragen (eher nicht bei speziellen Fragen vorhanden) und das Vertrauen in die Geschäftsführung bzgl. der Auswertung und den Nachfolgeaktionen.

4.1.3 Kennzahlenbildung

Der erste Schritt der Datenauswertung ist die Auswahl eines geeigneten Systems zur Aufbereitung und ggf. Präsentation der Ergebnisse. Falls die Datenauswertung komplett durch einen externen Dienstleister vorgenommen wird, hat dieser meist bereits eine Wahl getroffen bzw. hat ein präferiertes System.

Für eine Datenauswertung im Unternehmen mit Bordmitteln stehen verschiedene Systeme zur Datenauswertung bereit:

Systeme für die Datenauswertung			
System zur Datenauswertung	+	−	Beispiel
Statistische Programme	• Ermöglicht viele statistische Auswertungen, auch komplexer Art • Vielfältige Programmiersprache ermöglicht Analyse auch sehr komplexer Zusammenhänge • Ermöglicht die Auswertung von unterschiedlichsten Datenformaten und großen Datenmengen	• Für die Nutzung sind Vorkenntnisse in Statistik notwendig • Relativ lange Einarbeitungszeit notwendig für brauchbare Resultate • Es besteht die Gefahr, Resultate zu »erkennen«, die statistisch nicht valide sind; sogenannte Scheinzusammenhänge • Bietet insgesamt sehr viel mehr Funktionalität, als wirklich gebraucht wird.	SPSS, SAS

Systeme für die Datenauswertung			
Datenbank Managementsysteme	▪ Daten aus unterschiedlichen Quellen können leicht für die Auswertung zusammengeführt werden.	▪ Braucht eine relativ lange Einarbeitungszeit ▪ Möglichkeiten der Datenanalyse und Darstellung in Grafiken sind begrenzt ▪ Bietet viel mehr Funktionalität als wirklich gebraucht	MS Access, dBASE
Spreadsheets	▪ Bietet viele, leicht zu verstehende Werkzeuge zur einfachen Datenanalyse ▪ Komplizierte Rechenoperationen sind möglich durch flexible Ergänzungen ▪ Es gibt viele bereits vorhandene Vorlagen zu Erwerb und Nutzung ▪ Ermöglicht einfache Erstellung von Tabellen und Grafiken	▪ Insgesamt eingeschränkte Funktionalität, insbesondere bei der statistischen Analyse ▪ Einschränkungen bei der Anzahl von analysierbaren Daten ▪ Bei großen Datenmengen langsame Datenauswertung.	MS Excel

Tab. 13: Systeme für die Datenauswertung

Mit dem ausgewählten System zur Datenauswertung lassen sich die Ergebnisse der Befragung für die geschlossenen Fragen als Kennzahlen auswerten. Eine Auswertung ist sowohl für das Gesamtunternehmen und als auch für jeden Unternehmensbereich möglich, der sich anhand der demografischen Fragen unterscheiden lässt, und für jede Frage (und damit auch für jeden Themenbereich).

Üblicherweise sind die Antworten zu einer Mitarbeiterbefragung **»ordinal skaliert«**[50]. Die Bildung eines (arithmetischen) Mittelwertes bei der Auswertung wie bspw. bei Schulnoten ist nur dann statistisch zulässig, wenn die »Abstände« zwischen den Antwortmöglichkeiten als gleich groß interpretierbar sind. Dies ist in der Praxis eher schwierig anzunehmen oder gar nachzuweisen. Warum sollte zum Beispiel die Antwort eines Mitarbeiters, der eine Frage auf

---

50 Eine Ordinalskala sortiert Variablen mit Ausprägungen, zwischen denen eine Rangordnung besteht. Bei Mitarbeiterbefragungen ist eine solche Skala beispielsweise eine, bei der die Antwortmöglichkeiten bzgl. der ausgewählten Zustimmung in eine geordnete Reihe gebracht werden können: stimme gar nicht zu; stimme nicht zu, unentschieden, stimme zu, stimme absolut zu o.ä.

einer 5er Skala mit »stimme gar nicht zu« beantwortet, genau oder zwingend doppelt so schlecht gewertet werden wie die Antwort desjenigen Mitarbeiters, der mit »stimme nicht zu« geantwortet hat? Wenn eine solche »Interpretation« nicht leicht zu begründen ist (beispielsweise, weil darauf explizit in Schulungsunterlagen zur Befragung hingewiesen wurde), sollten solche Durchschnitte besser nicht als Kennzahlen verwendet werden.

Als Alternative bietet es sich an, Häufigkeiten bei den Antworten auszuwerten, d.h. den Prozentsatz derjenigen Mitarbeiter, die positiv, negativ und ggf. neutral auf die jeweiligen Fragen geantwortet haben. Beispielsweise weiß man, wie viel Prozent der antwortenden Mitarbeiter in der Abteilung xyz auf die Frage a) die erste, zweite, dritte etc. Antwortmöglichkeit gewählt haben, und kann die entsprechenden Häufigkeiten ausrechnen. Eine übliche Kennzahl bei Mitarbeiterbefragungen ist der Prozentsatz derjenigen Mitarbeiter, welche der Aussage der Frage zustimmen, beispielsweise der Prozentsatz derjenigen Mitarbeiter, welche stolz sind, im Unternehmen zu arbeiten, bezogen auf alle Mitarbeiter, deren Fragen ausgewertet werden können.

Oft werden diese Ergebnisse zusammengefasst, d.h., es wird durch die Messung von durchschnittlichen Häufigkeiten ausgewertet, wie viel Zustimmung es zu den einzelnen Fragen und Themenbereichen gab. Bei strukturierten Befragungen, welche von neutralen Stellen durchgeführt werden und in eine verglechende Bewertung von Unternehmen einfließen sollen, wie z.B. einer Auswertung nach dem EFQM-Modell (siehe Kapitel 7) oder auch nach dem »Great Place to Work®«-Modell[51], kann es auch sein, dass bei der Zusammenfassung bewusst gewichtet wird, d.h., gezielt bei der Durchschnittsbildung die Zustimmung zu einzelnen Themenbereichen höher gewertet wird (weil als wichtiger angenommen) als zu anderen Themenbereichen.

Wichtig ist, bei der Benutzung von Indexen als Kennzahlen zu beachten, wie Levenson[52] hervorhebt, dass diese nicht zu mehr Genauigkeit führen, sondern lediglich eine Hilfe darstellen, um bestimmte Sachverhalte besser zu kommunizieren. Kennzahlen bieten weiterhin die Grundlage, in einem weiteren Schritt

---

51 Deutschland 2006, www.greatplacetowork.de/ueber-uns/unser-ansatz/was-bedeutet-ausgezeichnete-arbeitsplatzkultur.
52 A. a.O.

Vergleiche durchzuführen, also beispielsweise die Bewertung der Kommunikation in einzelnen Unternehmensbereichen mit anderen Unternehmensbereichen oder mit dem gleichen Unternehmensbereich (oder dem Gesamtunternehmen usw.) vergleichen zu können.

Für Vergleiche wird dann die durchschnittliche Zustimmung miteinander verglichen. Hierbei stellt sich allerdings die Frage der **»statistischen Signifikanz«**, d.h., ob Unterschiede in der Abweichung der durchschnittlichen Zustimmung mit ausreichender Wahrscheinlichkeit auf relevante Unterschiede zwischen den Vergleichsgruppen hinweisen oder möglicherweise auch nur zufällig begründet werden können.

Genau kann die Frage der Signifikanz nur mit statistischen Methoden beantwortet werden, Church[53] nennt allerdings einige Richtwerte, welche die Signifikanz von Durchschnitten (wenn diese berechenbar sind) in Zusammenhang mit der analysierten Befragungsgröße stellen, was in der Praxis bei der Beurteilung von Abweichungen gut weiterhilft. Andere Kriterien wie die Anzahl der relevanten (analysierten) Stichproben haben ebenso einen Einfluss auf die statistische Signifikanz, das wichtigste Kriterium ist allerdings die Anzahl der Antworten in der kleinsten Vergleichsgruppe. Wichtig ist hierbei zu beachten, dass nicht alle Abweichungen, welche die genannten Mindestwerte überschreiten, zwangsläufig auch statistisch signifikant sind.

Richtwerte für Signifikanz bei Abweichungen des Mittelwerts	
Stichprobengröße in der kleinsten Vergleichsgruppe	**Ungefähre Abweichung im Mittelwert, welche statistisch als signifikant gewertet werden kann**
mehr als 500	20%-Punkte
300–500	30%-Punkte
150–300	40%-Punkte
50–150	50%-Punkte
20–40	60%-Punkte

Tab. 14: Richtwerte für Signifikanz bei Abweichungen des Mittelwerts

---

53   A. a. O.

Hierzu folgendes veranschaulichendes Beispiel:

> **! Beispiel**
>
> Es wurden in einem Unternehmen mit mehreren Standorten eine regelmäßige Mitarbeiterbefragung durchgeführt und die durchschnittlichen Zustimmungsraten bei Fragen zur Vergütungsgerechtigkeit verglichen.
>
> Die Zustimmungsrate zu diesem Themenfeld hatte sich am Standort »Nord« mit 500 Mitarbeitern (die auswertbar geantwortet haben) von 60% auf 80%, d.h. um 20%-Punkte verbessert, am Standort »Süd« mit 100 Mitarbeitern (die auswertbar geantwortet haben) hat sich die Zustimmung von 50% auf 70%, also ebenfalls um 20%-Punkte verbessert. Während die positive Abweichung in diesem Beispiel am Standort »Nord« aufgrund der Stichprobengröße wahrscheinlich signifikant ist, ist die gleiche Abweichung in Prozentpunkten am Standort Süd aufgrund der (deutlich) geringeren Stichprobengröße nicht ausreichend signifikant, sondern könnte auch zufällig begründet sein.

4.1.4 Auffälligkeiten und Zusammenhänge

Sobald das (interne oder externe) Analyseteam, welches mit der Datenauswertung betraut ist, ein umfassendes Verständnis der Antworten durch deskriptive Statistik, d.h. Kennzahlen und ggf. Indizes, auf Fragen- und Themenebene hat, ist die nächste Stufe im Dateninterpretationsprozess eine Analyse der Auffälligkeiten und Zusammenhänge.

Dieser Schritt erfordert keine tiefgehenden statistischen Kenntnisse, erlaubt jedoch schon weit fortgeschrittene Einblicke in die Daten und hilft für ein vollständiges und aussagekräftiges Verständnis der Beziehungen in den Umfragedaten.

Dies ist der wichtigste Prozess im Rahmen der Auswertung und erfahrene Analytiker können hier ihre ganze Erfahrung einbringen. Hierbei ist es das Ziel, vier oder fünf Hauptbereiche oder Themen aus der Datenmenge der gesamten Umfrage zu erzeugen, die verwendet werden können, um die Ergebnisse zu erklären oder zu charakterisieren, sowie Schwerpunkte für die Follow-up-Aktionen herauszukristallisieren. Dies ist eine sehr herausfordernde, aber lohnende Aufgabe. Wenn dadurch die »richtigen« Themen angepackt werden, werden die Ergebnisse der Befragung buchstäblich »greifbar« für die Organisation und für alle Mitarbeiter.

Üblicherweise schaut man sich, nachdem bereits die einzelnen Fragen und Themenbereiche analysiert wurden, nun die Bereiche an, in denen bestimmte Themen besonders gut oder besonders schlecht bewertet wurden, und sucht innerhalb der verfügbaren Daten nach Zusammenhängen, die sich aufgrund der Daten begründen lassen. Beispielsweise kann die Zufriedenheit oder Unzufriedenheit der Mitarbeiter primär von der internen Kommunikation oder der Führungsleistung abhängig sein.

Vielleicht gab es auch schon während der Planungsphase Ziele, die nun überprüft werden sollen, wie z.B. zu Unternehmensbereichen, Zielgruppen, sozialen Gruppen etc., für die eine bestimmte Hypothese verifiziert werden soll, oder Themenbereiche im Gesamtunternehmen, wie Kultur, Führung, Kommunikation, Arbeitszufriedenheit usw., welche nun näher untersucht werden sollen. Für jede Kombination von Unternehmensbereichen sowie Themenbereichen gibt es für die Auswertung der geschlossenen Fragen übliche Kennzahlen, Auswertungsformen und grafische Auswertungsformen.

Aus der Praxis sei mir an dieser Stelle eine persönliche Empfehlung, quasi ein »Lakmustest der Praxis«, erlaubt: Alle durch reine Datenauswertung erzielten Hypothesen und Zusammenhänge, die die Anforderungen statistischer Signifikanz erfüllen, sollten frühzeitig Personen (Führungskräften, Betriebsräten und/oder anderen Mitarbeitern) vorgestellt werden, welche das Unternehmen seit langer Zeit kennen, zusammen mit den Fragen: »Erscheinen Ihnen diese Ergebnisse plausibel?«, »Entsprechen diese Ergebnisse Ihrem Bauchgefühl?« Es ist erstaunlich, wie schnell und deutlich diese Personen bestimmten Aussagen sofort zustimmen würden und anderen eher nicht. Im letzteren Fall ist es sinnvoll, die »gefundenen« Auffälligkeiten und Zusammenhänge noch einmal in Frage zu stellen und alle Rechenwege und die einbezogenen Informationen zu überprüfen.

Für die in Summe erlangten und statistisch fundierten Erkenntnisse gilt am Ende: »Weniger ist mehr«, nur die wichtigsten und auffälligsten Ergebnisse sollten sofort kommuniziert werden. Weitere Details sollten auf Nachfrage sowie für die Unterstützung der Follow-up-Aktionen bereitgehalten werden. An dieser Stelle kommt der grafischen Darstellung der Ergebnisse (siehe Kapitel 4.3) und deren redaktionelle Begleitung (siehe Kapitel 4.1.6) eine entscheidende Bedeutung zu.

4.1.5 Kontrastanalysen/Benchmarks

Vergleiche, Benchmarks oder auch Kontrastanalysen vergleichen Ergebnisse intern, extern (Benchmarking) oder im Zeitvergleich. Sie dienen der Bewertung der Ergebnisse und auch dem Ziel, erfolgte Maßnahmen im Nachgang der Befragung auf Wirksamkeit zu überprüfen.

Grundsätzlich gibt es drei unterschiedliche Vergleichsarten:
- Intern: Wie schneidet Abteilung X im Vergleich zu Abteilung Y ab?
- Extern: Wie schneide ich ab im Vergleich zum Wettbewerb?
- Zeitvergleich: Wie schneide ich ab im Vergleich zum letzten Jahr und dem Jahr davor?

4.1.6 Redaktionell aufbereiteter Analysebericht

Am Schluss jeder Auswertung stehen die redaktionelle Kommentierung der Kennzahlen und ggf. Grafiken als prägnanteste Form der Kommunikation.

Der Gesamtbericht (die Managementzusammenfassung) sollte in kurzer und knapper Form auf einer Seite für das Unternehmen insgesamt (d.h. für alle Mitarbeiter, die an der Befragung teilgenommen haben) die Ergebnisse über alle Themenbereiche und Fragen, idealerweise gruppiert nach Themen, inhaltlich strukturiert darstellen.

Grafiken und Erläuterungen zu den einzelnen Themenbereichen erleichtern den Zugang und das Verständnis der Daten (siehe auch Kapitel 4.3). Es werden zudem oft zusammenfassende Kennzahlen gebildet (z.B. Gesamtzustimmung in Prozent und Gesamtzustimmung nach Themenbereich in Prozent), Stärken und Verbesserungspotenziale aufgezeigt sowie Reihenfolgen der am besten bzw. der am schlechtesten bewerteten Fragen und Ergebnisbewertungen aufgestellt:
- Zusammenfassende Daten (Beteiligung, Veränderung der Bewertungen gegenüber Vorerhebung)
- Hitlisten (beste/schlechteste Antwortkategorien/Bereiche)
- Sonstige Auffälligkeiten

Der Gesamtbericht ist eine wichtige Unterstützung im Kommunikationsprozess, beispielsweise als Einstieg, bevor die Führungskräfte ihre Mitarbeiter über die Ergebnisse des eigenen Bereichs informieren.

Im beigefügten Beispiel einer Auswertung der Netigate Deutschland sind zum Themengebiet »Führung« wichtige Kennzahlen aus einer Mitarbeiterbefragung im eigenen Hause nebst eines priorisierten Ziels und verschiedener Empfehlungen zur Verbesserung auf einer Seite zusammengefasst.

Abb. 10: Redaktionelle Aufbereitung der Ergebnisse

Zusammenfassung

- Die Auswertung einer Mitarbeiterbefragung geschieht in sechs Stufen:
  - Eingabe der Daten
  - Prüfung und Qualitätscheck der Daten
  - Kennzahlenbildung zu einzelnen Fragen und Themenbereichen
  - Analyse von Auffälligkeiten und Zusammenhängen
  - Kontrastanalysen/Benchmarks
  - Erstellung eines redaktionell aufbereiteten Analyseberichtes

- Die Antworten sind vor der Analyse einem Qualitätscheck zu unterziehen.
- Danach lässt sich die finale Teilnahmequote errechnen.
- Die Datenauswertung und die Erstellung von Grafiken erfolgt mit Bordmitteln meist in Excel, seltener mit statistischen Programmen. Dienstleister haben oft eigene Programme zur Datenauswertung.

4.2 Auswertungen nach Empfängergruppe

Neben der Gesamtzusammenfassung müssen im Rahmen der Auswertung auch **Auswertungen für die einzelnen Bereiche** und verantwortlichen Führungskräfte sowie **für alle Mitarbeiter** insgesamt erstellt werden.[54]

Die Auswertungen für die einzelnen Bereiche und deren verantwortlichen Führungskräfte beziehen sich auf die Antworten aus diesen Bereichen, sind aber ansonsten zunächst genauso aufgebaut wie die Gesamtzusammenfassung. Im weiteren Verlauf sind die Bereichsergebnisse allerdings mit Bezug auf das Gesamtunternehmen bewertet und idealerweise sind aus dieser Bewertung bereits mögliche Schwerpunkte für die Follow-up-Aktionen abgeleitet.

Die Auswertungen für alle Mitarbeiter unterscheiden sich von der Gesamtzusammenfassung durch die einfache Sprache und die Konzentration auf diejenigen Themen, in denen Veränderungen erzielt werden sollen. In der ersten Kommunikation der Ergebnisse für **alle Mitarbeiter werden** üblicherweise möglichst knapp und verständlich die folgenden Themen aufgegriffen (in **Anlage D** ist hierzu ein Beispiel aufgeführt):

- Einleitung durch die Geschäftsführung,
- Beteiligung,
- Ergebnisse pro Frage und Fragenkategorie,
- Veränderungen zur Vorerhebung,
- auffällige Themenfelder,
- einen konkreten Plan für Folgemaßnahmen.

---

54 Auf die Nutzung von Bereichsberichten für die Entwicklung der Führungskräfte wird in Kapitel 4.4 eingegangen sowie in Kapitel 4.3 auf geeignete grafische Auswertungsformate zur Unterstützung der Kommunikation.

Im Rahmen der Vorbereitung der Daten für den Roll-out-Prozess ist es wichtig, die Ergebnisse der Befragung für alle relevanten Empfängergruppen durch ein flexibles Reporting-System, welches die OLAP-Anforderungen erfüllt, bereitzustellen. Online Analytical Processing, kurz OLAP, ist eine Datenverarbeitung, bei der Nutzer gezielt Daten und Kennzahlen aus einer Datenbasis extrahieren und aus verschiedenen Perspektiven anzeigen können. Bei einer Mitarbeiterbefragung wäre beispielsweise der gleiche Kennzahlenbericht zur Bewertung von Führung sowohl für das Gesamtunternehmen wie auch durch Änderung des Bezugsrahmens per Mausklick für alle Bereiche und Abteilungen verfügbar, für die ausreichend auswertbare Daten vorhanden sind. Üblicherweise wird diese Funktionalität innerhalb von MS-Excel durch Pivot-Tabellen dargestellt oder aber auch durch dynamische Tabellen in SAP R/3 HR mit dem gleichen »look and feel« wie die Pivot-Tabellen in Excel.

Hierzu muss in einem Berechtigungskonzept[55] festgelegt werden, welche Empfängergruppen zu welchen Befragungskategorien (Themenfeldern) und welcher Zusammenfassungsebene welche Ergebnisse zuzüglich welcher Vergleichswerte erhalten sollen. Insbesondere geht es hierbei darum, den Datenschutz zu gewährleisten, sodass die jeweilig verantwortlichen Führungskräfte nur die Ergebnisse der ihnen unterstellten Bereiche sehen können und keinesfalls diejenigen Ergebnisse von Nachbarbereichen auf der gleichen Ebene.

Das Analyseteam bereitet dann die Daten in einem einheitlichen technischen Analysesystem zentral für alle Empfängergruppen zusammen auf. Ein solches »technisches Analysesystem« fasst Daten automatisiert in vorgefertigte Reports zusammen, wobei die Definition der »Seiten«, »Zeilen« und »Spalten« wie in einem Würfel dynamisch durch die Nutzer innerhalb ihrer jeweiligen Berechtigungen verändert werden kann. Dabei ist die Nutzeroberfläche meistens auf der Basis von Excel oder SAP-Reports erstellt und präsentiert die Ergebnisse in einheitlichen Tabellen und Grafiken. Aus diesem System sind in gleicher Darstellung alle relevanten und erlaubten Berichte, Kennzahlen und Vergleiche für den

---

55 Ein Berechtigungskonzept weist jedem potenziellen Nutzer eines (Auswertungs-)systems nur genau diejenigen Daten zu, welche dieser Nutzer auch sehen darf. So wird sichergestellt, dass z.B. Führungskräfte eines Bereichs zwar diesen Bereich und zusammenfassende Berichte für Abteilungen, die zu diesem Bereich gehören, sehen dürfen, nicht jedoch die Ergebnisse und Berichte von anderen, benachbarten Bereichen.

jeweiligen Empfänger abrufbereit. Verantwortliche für mehrere Bereiche können sich in einem solchen System sowohl zusammenfassende Ergebnisse ansehen wie auch die Ergebnisse für einzelne Bereiche.

Manchmal werden die Ergebnisse spezieller Unternehmensbereiche bzw. Abteilungen oder spezifischer Mitarbeitergruppen (z. B. Young Professionals, Azubis) in **Fokusberichten** für die Kommunikation zusammengefasst und abweichend zum Standard kommuniziert. Solche Fokusberichte enthalten also spezielle Auswertungen, Tabellen und Kennzahlen, welche Fragestellungen untersuchen, die sich für spezifische Mitarbeitergruppen ergeben. Beispielsweise könnten dies die durch »Young Professionals« empfundenen oder erlebten Karrieremöglichkeiten im Unternehmen sein.

Berichte für Betriebsräte

Den Betriebsräten sollten grundsätzlich alle verfügbaren Reports zugänglich gemacht, es sollten jedoch keine speziellen Reports nur für die Betriebsräte erstellt werden, denn was für die Betriebsräte interessant ist, sollte es auch für die Unternehmensleitung und die Führungskräfte sein. Außerdem würden zwei getrennte »Klassen« von Berichten unnötige Komplexität erzeugen und ggf. zu Misstrauen führen.

Eine offene Kommunikation zu den Betriebsräten ist wünschenswert und Betriebsräte, insbesondere solche, die seit langer Zeit im Amt sind und das jeweilige Unternehmen gut kennen, können umfassend in die Kommunikation eingebunden werden. Ich habe für ein Unternehmen gearbeitet, in dem die Betriebsräte sogar aktiv in der Kommunikationsphase eingebunden wurden und bei eher schlechten Antworten aus bestimmten Bereichen dort vertraulich nach Gründen gefragt haben und diese von Einzelpersonen erhaltenen Informationen dann anonymisiert, d. h. nur noch der entsprechenden Gruppe zuordenbar, an die Unternehmensleitung weitergegeben haben. Dies erfolgte im berechtigten Vertrauen, dass diese Details dort genutzt werden, um die konkreten Ursachen der schlechteren Bewertungen zu untersuchen und abzustellen.

4.3 Darstellung der Ergebnisse in grafischen Auswertungsformaten

Grafische Auswertungen sind von Vorteil, weil sie Informationen in einer Art und Weise zusammenfassen und anzeigen, die für die meisten Menschen einfach zu verstehen sind.

Verschiedene Graphen werden in Abhängigkeit von der Information und dem Kommunikationsziel verwendet, welches erzielt werden soll. Viele Diagramme werden verwendet, um prägnant und eindeutig Daten, andere um umfangreiche Informationen in anschaulicher Weise zusammenzufassen.

Welche Art von Grafik für eine bestimmte Information angemessen ist, hängt von der Art der Daten und Kennzahlen ab. Kreis- und Balkendiagramme sind häufige und beliebte Beispiele. Kreisdiagramme stellen beispielsweise Unterkategorien zu einem Zeitpunkt dar (z.B. Stimmenanteile für eine bestimmte Partei) und sind ideal für Informationen mit fünf oder weniger Kategorien.

Im Folgenden werden die unterschiedlichen Auswertungsgrafiken, welche bei der Auswertung von Mitarbeiterbefragungen üblicherweise verwendet werden, vorgestellt.

4.3.1 Kreisdiagramm

Die Häufigkeit einzelner Antworten zu einem Erhebungszeitraum und einer Gruppe (z.B. Gesamtunternehmen) wird üblicherweise in einem Kreisdiagramm dargestellt.

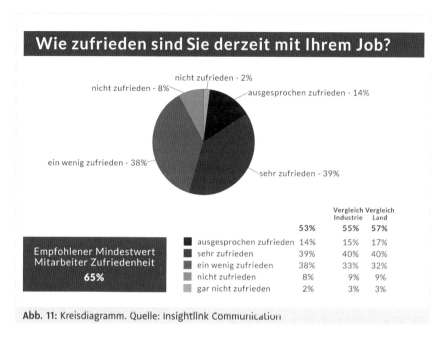

Abb. 11: Kreisdiagramm. Quelle: Insightlink Communication

Die obenstehende Abbildung ist einem öffentlichen Bericht von »Insightlink Communications«[56] von 2016 entnommen und stellt diesen Häufigkeiten gleichzeitig relevante Vergleichswerte gegenüber.

4.3.2 Gestapelte Balken (100%)

Wenn die Häufigkeit der einzelnen Antworten für verschiedene Unternehmensbereiche gleichzeitig in einer Abbildung dargestellt werden soll, bieten sich dafür gestapelte Balken an. Die untenstehende Abbildung erfolgte mit freundlicher Genehmigung der Netigate Deutschland GmbH.

---

56 www.insightlink.com/insightlink4cscomprehensiveanalysisreportexcerpts.pdf.

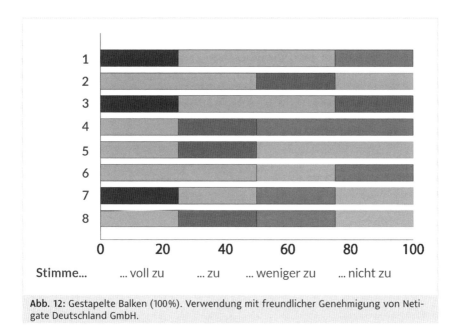

Abb. 12: Gestapelte Balken (100%). Verwendung mit freundlicher Genehmigung von Netigate Deutschland GmbH.

Hierbei ist die gesamte Breite (oder der »Inhalt«) jedes Balkens als 100% der Antworten zu interpretieren und die jeweilige Breite der einzelnen (farblich oder strukturell unterschiedenen) Abschnitte jedes Balkens zeigt die Häufigkeiten der unterschiedlichen Antwortmöglichkeiten.

Diese Darstellungsform von gestapelten 100%-Balken eignet sich ebenfalls zur Darstellung von Antwortverteilungen für den gleichen Unternehmensbereich zu unterschiedlichen Befragungszeitpunkten. Die reine Darstellung der unterschiedlichen Häufigkeiten pro Betrachtungsbereich (oder Frage/Kategorie) wird oftmals durch weitere Informationselemente ergänzt. Im nachfolgenden Beispiel[57] sind zusätzlich pro Frage die Abweichungen zur Vorbefragung sowie zu relevanten Benchmark-Werten ebenso als Balken abgetragen.

---

57   Scottish Government Employee Survey 2008 Results Report: www.gov.scot/Publications/2009/03/19111703/4.

All questions by theme	Strongly agree %	Agree %	Neither %	Disagree %	Strongly disagree %	% Positive	Difference from previous survey	Difference from CS2012	Difference from CS High Performers
This section show the results for each question in the survey, by theme. ^ indicates a variation in question wording from you previous survey = indicates statistically significant difference from comparison									
Engagement									
B50. I am proud when I tell others I am part of NRS	9	34	41	11	4	43%	-4	-10 =	-21 =
B51. I would recommend NRS as a great place to work	9	22	42	28	7	31%	-5 =	-15 =	-27 =
B52. I feel a strong personal attachment to NRS	9	31	33	21	6	40%	0	-4 =	-12 =
B53. NRS inspires me to do the best in my job	6	18	48	19	9	24%	-5 =	-17 =	-25 =
B54. NRS motivates me to help it achieve its objectives	5	17	49	21	8	22%	-3 =	-16 =	-25 =
Taking action									
B55. I believe that Senior Managers in NRS will take action on the results from this survey	4	22	34	24	16	26%	-7 =	-17 =	-28 =
B56. I believe that managers where I work will take action on the results from this survey	5	29	34	20	12	33%	0	-18 =	-26 =
B57. Where I work, I think effective action has been taken on the results of the last survey	13	45	24	16		15%	-1	-16 =	-25 =

Abb. 13: Gestapelte Balken (100 %) mit grafischer Darstellung von Veränderungen. Quelle: Scottish Government

4.3.3 Textanalyse von freien Antworten

Eine besondere Herausforderung stellt die Auswertung von freien Antworten dar. Diese liefern zwar besonders viele Informationen, lassen sich aber schwer komprimiert darstellen, außer über das grafische Auswertungsformat der Text-analyse.

Grundsätzlich werden dabei im ersten Schritt die abgegebenen Antworten nach Oberbegriffen oder Kategorien sortiert. Ähnliche Begriffe werden zusammen-gefasst und es wird notiert, wie häufig Antworten zu dieser Kategorie gegeben wurden. Dieser Prozess ist aufwendig, da bei den freien Antworten u. U. nicht immer eindeutig ist, welcher Kategorie eine Antwort zugeordnet werden kann bzw. soll. Die Schreibweise kann ein Problem darstellen und es gibt manchmal auch Antworten, die verschiedenen Kategorien zuzuordnen sind, sodass man evtl. auch nochmal umsortieren muss.

Zusammenfassend wird abschließend resümiert, welche Kategorien vorkamen und wie häufig es Antworten gab, die jeder Kategorie zuzuordnen sind. Mittler-weile gibt es dazu auch Hilfsmittel, welche automatisch in einer Abbildung die Auswertung von freien Antworten nach der Häufigkeit von bestimmten Wörtern darstellen, wie das nachfolgende Beispiel der Netigate Deutschland GmbH zeigt.

Abb. 14: Freitextanalyse. Verwendung mit freundlicher Genehmigung von Netigate Deutschland GmbH.

Zusammenfassung
!

- Für die grafische Darstellung von Häufigkeiten und deren Anteile werden üblicherweise Kreisdiagramme oder die Darstellungsform der gestapelten (100%-)Balken verwendet.
- Auch für die Auswertung von Freitextantworten gibt es grafische Auswertungstools.

4.4 Ergebnisse der MAB als Arbeitswerkzeug für Führungskräfte

Der Management-Guru Peter Drucker hat einmal gesagt: »What gets measured gets managed.« Neben anderen diagnostischen Instrumenten der Beurteilung sind die Einschätzungen der Meinungen der Mitarbeiter im jeweiligen Bereich zu führungsrelevanten Themengebieten, die in der Mitarbeiterbefragung zur Beurteilung standen, wie Führung, Kommunikation etc., wichtige Messinstrumente, welche den Führungskräften helfen können. Es gilt, sowohl die Ergebnisse des verantworteten Bereichs über die operativen Messgrößen hinaus zu managen und weiterzuentwickeln, als auch sich selbst in diesem Prozess zu erkennen und weiterzuentwickeln.

Um dies umzusetzen, sind den Führungskräften die folgenden »Arbeitswerkzeuge« bereitzustellen:

- Zusammenfassende Daten für den Verantwortungsbereich, aufgeschlüsselt nach Themenbereichen
- Vergleich zum Vorjahr, zum Durchschnitt des Unternehmens und zu den besten/schlechtesten Ergebnissen

Wie diese »Arbeitswerkzeuge für Führungskräfte« umfassend im Rahmen der Planung und Umsetzung der Folgeaktionen auf eine Mitarbeiterbefragung in die Führungsentwicklung eingebettet werden können, wird in Kapitel 5.2 erläutert.

5 Folgemaßnahmen

5.1 Traditionelle Top-Down Follow-up-Planung

Im deutschsprachigen Raum ist für die Folgeprozesse einer Mitarbeiterbefragung ein Top-down-Vorgehen üblich, bei dem von der Geschäftsleitung ausgehend nach Durchsicht der Gesamtergebnisse die Folgeprozesse definiert und dann nach »unten«, d.h. in die nächsten Führungsebenen, kaskadiert werden.

Dies ist in erster Linie ein Kommunikationsprozess, der sich an den Zielen der Befragung orientiert (siehe Kapitel 1) und auf relevante Themenfelder, die sich aus den Befragungsergebnissen herleiten lassen, fokussiert, welche kommuniziert und diskutiert sowie im weiteren Verlauf »nachgehalten« werden.

Ein beispielhafter Zeitplan für »top-down« geplante Folgeaktionen sieht wie folgt aus:

Beispielhafter Roll-out-Plan		
Zielgruppe	Zeitpunkt nach Befragungsende	Ziele und Themen
Unternehmens-leitung	1–2 Wochen	Zusammenfassung; erste Auffälligkeiten und Analysen; Highlights und Lowlights; wichtige Zusammenhänge (noch keine formale Analyse); Beteiligung insgesamt und nach Unternehmensbereichen.
Betriebsrat	3–6 Wochen	Formale Präsentation der wichtigsten Punkte und Interpretationen; Diskussion und gemeinsame Entwicklung von Schwerpunktbereichen zur Kommunikation an die Mitarbeiter und zur weiteren Analyse (1-2 Stunden einschließlich Diskussion)
Oberes Management	3–6 Wochen	Formale Präsentation der wichtigsten Punkte und Interpretationen (Fokus auf Kurzpräsentation (maximal 15 Minuten)

Beispielhafter Roll-out-Plan

Zielgruppe	Zeitpunkt nach Befragungsende	Ziele und Themen
Mittleres Management	4–8 Wochen	Individuelle Reports pro Managementbereich, welche spezifische Ergebnisse zeigen und im Vergleich bewerten; Grundlage für die Planung von Follow-up-Aktionen (2-3 Stunden einschließlich Planung und Zusammenfassung/Protokollierung)
Alle Mitarbeiter	4–16 Wochen	Zusammenfassung der Teilnahmequoten und der wichtigsten Ergebnisse; Übersicht über alle Antworten; Darstellung der besten und der schlechtesten Ergebnisse; Darstellung der vom Management (und ggf. dem Betriebsrat) ausgewählten Schwerpunktbereichen für die Verbesserungen im Nachgang (Follow-up)

Tab. 15: Beispielhafter Roll-out-Plan

Da nicht alle Themen in gleicher Breite kommuniziert und diskutiert werden können, sollten Themenfelder priorisiert werden. Möglichkeiten zur Priorisierung von Fragekomplexen (z.B. Management, Führung, Soziales etc.) oder nach Bereichen (Verwaltung, Vertrieb etc.) sind:

- Priorisierung nach dem Strategiebezug (d.h., was will die Geschäftsleitung erreichen und wo gibt es die größten Abweichungen zur gewünschten Strategie?) – siehe auch alternative Formen/Strategic Change, Kapitel 5.2.
- Priorisierung nach schlechtesten Zustimmungswerten (d.h., wo gibt es die größten Verbesserungspotenziale?)
- Priorisierung nach Veränderung zur Vorbefragung (d.h., wo haben sich die Zustimmungswerte am deutlichsten verschlechtert oder verbessert?)

> **! Wichtig**
>
> Wichtig beim Design und dem Anstoßen der Folgeprozesse sind folgende Punkte:
> - Die Ziele der Folgeprozesse müssen klar kommuniziert und unternehmensweit konsistent sein.
> - Die Mitglieder der Geschäftsführung müssen persönlich und glaubhaft hinter diesen Maßnahmen stehen. Bloße »Alibimaßnahmen« werden leicht durchschaut und führen zum Gegenteil der erwünschten Wirkung.
> - Man sollte sich auf die »wirklich wichtigen Themen« konzentrieren und die Organisation nicht mit zu vielen »Bäumen und Bäumchen« überlasten.

- Die Folgeprozesse müssen zur Kultur des Unternehmens passen und
- alle relevanten Stakeholder, insbesondere der Betriebsrat, sollten umfassend eingebunden werden. Idealerweise hat der BR selbst ein großes Eigeninteresse an deren Umsetzung und unterstützt diese aktiv.

Die Erfahrungen[58] zeigen allerdings, dass der Erfolg vieler Mitarbeiterbefragungen meist an den Follow-up-Aktionen scheitert. Die wesentlichen Gefahren, welche zu ineffektiven Follow-up-Aktionen führen, sind:

- Unklarer Fokus
- Zu viele Informationen und Ziele
- Fehlender oder ineffektiver Controlling-Prozess
- Unklarheiten über die Rolle der mittleren Führungskräfte, sie können zwischen die Fronten der Basis und der Geschäftsführung geraten
- Es wurden zwar Maßnahmen umgesetzt, die Mitarbeiter haben davon aber nichts mitbekommen
- Veränderungen werden zwar gesehen, nicht jedoch im Zusammenhang mit der Mitarbeiterbefragung

5.2 Alternative Formen der Follow-up-Planung

Aufgrund eher mäßiger Erfahrungen, was den Erfolg betrifft, schlägt Church[59] neben dem üblichen »Top-down«-Vorgehen drei alternative Formen der Planung von Follow-up-Aktionen vor (siehe folgende Abbildung[60]), nämlich den (besonders amerikanischen) Weg der »**Belohnung**« sowie die Einbettung in Aktivitäten zum **Change Management** wie auch die Verbindung mit der **Führungsentwicklung**. Alle diese drei alternativen Vorgehensweisen wurden aufgrund eines fehlenden Schwerpunktes auf Aktion sowie einer eher allgemeinen/diffusen Verantwortung für die einzelnen Verbesserungen entwickelt.

---

58 Church a.a.O., Deitering, F.: Folgeprozesse bei Mitarbeiterbefragungen, 2006; Wiley a.a.O.
59 A. a.O.
60 Diese Grafik wird mit freundlicher Genehmigung von John Wiley & Sons, Inc. in diesem Buch abgedruckt, darf aber in keiner Form oder auf irgendeine Weise elektronisch, mechanisch, durch Fotokopieren, Aufzeichnen, Scannen oder auf andere Weise vervielfältigt, in einem Abrufsystem gespeichert oder übertragen werden, es sei denn, dies ist nach den §§ 107 oder 108 des 1976 United States Copyright Act zulässig.

Schwerpunkte traditioneller und alternativer Follow-Up-Aktionen	
»Traditionelle« Top-down-Kaskade	**Alternative Vorgehensweisen**
Betonung auf Kommunikation	Betonung auf Aktion
Verantwortung liegt beim Gesamt-unternehmen	Verantwortung liegt bei Bereichs-verantwortlichen

Tab. 16: Schwerpunkte traditioneller und alternativer Follow-Up-Aktionen

Abb. 15: Vier Typen der Aktionsplanung nach Vorliegen der Ergebnisse. Mit freundlicher Genehmigung von John Wiley & Sons, Inc.

Führungsentwicklung

Besonders interessant finde ich die Nutzung der Mitarbeiterbefragung für die Führungskräfteentwicklung. Alle Auswertungen der Ergebnisse nach Bereichen stellen auch eine Bewertung der Führungsleistung und ggf. weiterer relevanter

Faktoren, wie der Bereichskommunikation, der bewerteten Bereiche dar – im Vergleich zum Gesamtunternehmen als auch im Vergleich zu anderen Bereichen. Die Idee dieses alternativen Follow-up-Prozesses ist es, die Bewertung der Führung, Kommunikation und ggf. von weiteren Faktoren in den einzelnen Bereichen, die immer auch eine Bewertung der verantwortlichen Führungskraft ist, als eine Grundlage für die Führungsentwicklung zu nutzen.

Üblicherweise werden bei dieser Vorgehensweise neben den Ergebnissen der Mitarbeiterbefragung weitere Diagnoseinstrumente zur Standortbestimmung der Führungskräfte genutzt, beispielsweise ein Persönlichkeitsprofil nach der DISG[61]- oder der MBTI[62]-Typologie. Mit jeder Führungskraft werden die Ergebnisse dieser Typologien sowie diejenigen der Mitarbeiterbefragung dann zusammen besprochen. Daher dauern die bereichsbezogenen (und damit führungskraftbezogenen) Meetings üblicherweise länger und müssen noch umfangreicher vorbereitet werden als solche des traditionellen »Top-Down«-Verfahrens. Ebenso erfordert diese Vorgehensweise eine intensive Kommunikation der betroffenen Führungskräfte mit ihren nächsthöheren Führungskräften über die Ziele der Entwicklungsmaßnahmen und eine externe Begleitung dieser Maßnahmen durch Trainer und Coaches. Der zeitliche Aufwand für die Follow-up-Maßnahmen ist bei dieser Methode am höchsten.

Der Fokus liegt bei dieser Vorgehensweise klar auf der bestehenden Organisationsstruktur und den in dieser tätigen Personen und nicht auf speziellen (oder externen) Fokusteams. Diese Vorgehensweise fördert daher die bestehende Führungsstruktur und deren Kommunikationsinstrumente und ist daher bereits vom Design her auf Nachhaltigkeit innerhalb der bestehenden Strukturen ausgelegt.

Die Nutzung externer Ressourcen und die organisationale Verankerung bei dieser Durchführungsform stehen für das hohe Commitment der Unternehmensleitung in nachhaltige Verbesserungen. Allerdings ist gegenüber der Durchführungsweise »Strategic Change«, die noch vorgestellt wird, nicht sichergestellt,

---

61 Hiermit wird durch Selbstbeschreibung die jeweilige Persönlichkeit in Bezug auf Dominanz, Initiative, Stetigkeit und Gewissenhaftigkeit getestet.
62 Hiermit sollen die in der Persönlichkeit enthaltenen psychologischen Typen, die von Carl Gustav Jung entwickelt wurden, herausgefunden werden.

dass ggf. vorgegebene organisatorische Ziele auch erreicht werden, da diese Vorgehensweise primär auf die individuelle Entwicklung der involvierten Führungskräfte ausgerichtet ist.

Belohnung

Falls der Schwerpunkt der Follow-up-Aktionen auf der Verantwortung der einzelnen Führungskräfte für die Verbesserung und nicht primär auf der Personal- und Führungsentwicklung liegt, ist auch ein auf »Belohnung« basierender Prozess denkbar, welcher den Fokus auf konkrete Zielvereinbarungen über die Verbesserungen legt und diese auch über den Bonus vergütet.

Dieser alternative Weg hat den Vorteil einer noch stärkeren Zielorientierung, ist jedoch eher im englischsprachigen Raum verbreitet. Die Gefahr, dass diese Vorgehensweise von den beteiligten Personen als Bevormundung oder Bestrafung angesehen wird, ist hoch. Es ist Widerstand durch die mittleren Führungskräfte zu erwarten und in Deutschland wäre hierbei kaum mit einer Kooperationsbereitschaft durch den Betriebsrat zu rechnen. Durch den hohen Kontrollaufwand handelt es sich zudem um einen eher komplexen und teuren Durchführungsweg.

Strategischer Change

Diese Vorgehensweise kommt dann in Frage, wenn bereits bei der Planung der Befragung klar ist, dass diese als Messinstrument in einen strategischen Wandel eingebettet ist.

Strategische Wandel sind grundsätzliche Änderungen der strategischen Ausrichtung eines Unternehmens, oft bedingt durch Änderungen des Marktumfelds oder durch Übernahme durch ein anderes Unternehmen. Im Zuge solcher strategischen Changes ändern sich häufig die Führungskultur und die Kernkompetenzen. Im Verlauf eines solchen Prozesses macht es Sinn, den Erfolg, die Entwicklung und den Erfolg dieser gewünschten Änderungen im Rahmen einer Mitarbeiterbefragung zu begleiten.

Ein Beispiel für grundlegenden strategischen Wandel war die Übernahme der schwächelnden japanischen Nissan Motors durch Renault in 1999. Japanische Unternehmenskultur ist berühmt für ihre Politik der lebenslangen Beschäftigung. In einem Interview für Harvards »Working Knowledge«[63] fragte Carlos Ghosn, Nissans neuer CEO: »Wie reduzierst Du den Headcount in Japan?« Er musste die Produktionsüberkapazität reduzieren, das Seniority-System bei Nissan beseitigen und es durch ein leistungsorientiertes Management ersetzen. Er konzentrierte seine Aufmerksamkeit auf Kostensenkung, Verkauf von Vermögenswerten, die Beseitigung der Keiretsu, ein japanischer Begriff für die Verzahnung von Geschäftsbeziehungen, um andere Arten von Lieferanten zu entwickeln. Das Ergebnis war ein nahezu vollständiger strategischer Turnaround für Nissan, der im Mai 2001 seinen größten Gewinn erwirtschaftete – nur ein Jahr nach seinem schwersten Verlust in der Firmengeschichte.

Bei geplantem strategischem Change gibt es eine spezifische Definition von strategisch notwendigen neuen Kompetenzen, Funktionen und Rollen im Unternehmen. Bereits die Fragen und Antwortmöglichkeiten sind darauf ausgerichtet, den Status des Unternehmens insgesamt sowie aller Mitarbeiter und Führungskräfte zu erheben und auf den gewünschten Zielzustand hin zu entwickeln. Bei dieser Vorgehensweise sind ebenso wie bei der »Führungsentwicklung« einschneidende und irreversible Unterstützung durch die Unternehmensleitung, viel Zeit und erhebliche externe Unterstützung durch externe Berater notwendig.

Neben der Entwicklung der Führungskräfte wird es bei dieser Vorgehensweise viele neue Positionen geben, welche besetzt werden müssen, viele neue Fähigkeiten müssen gezielt durch Trainingsmaßnahmen geschult und viele neue Teams entwickelt werden. Hierfür müssen neben der Unterstützung durch externe Berater interne Ressourcen (im Personalbereich) aufgebaut und die umfangreichen Aktivitäten müssen bei dieser Vorgehensweise, die im idealen Rahmen den nachhaltigsten Weg der Gestaltung effektiver Follow-up-Aktionen darstellt, auch effektiv nachgehalten werden. Es handelt sich hierbei um eine erhebliche Investition in die Personal- und Organisationsentwicklung, um einen nachhaltigen Wandel in Hinblick auf die gewünschten neuen Kompetenzen zu erzielen.

---

63   Ghosn, C.: Saving the Business Without Losing the Company – Breaking with Tradition in a Foreign Land, 2002.

> **!** **Zusammenfassung**
>
> - Im deutschsprachigen Raum ist für die Folgeprozesse einer Mitarbeiterbefragung ein Top-down-Vorgehen üblich, bei dem von der Geschäftsleitung ausgehend nach Durchsicht der Gesamtergebnisse die Folgeprozesse definiert und dann nach »unten«, d. h. in die nächsten Führungsebenen, kaskadiert werden.
> - Dies ist in erster Linie ein Kommunikationsprozess, der sich an den Zielen der Befragung und relevanten Themenfeldern orientiert, welche kommuniziert und diskutiert sowie im weiteren Verlauf »nachgehalten« werden.
> - Als Alternative zur »traditionellen« Top-down-Kaskade gibt es drei alternative Vorgehensweisen für Follow-up-Aktionen:
>   - Belohnung
>   - Führungsentwicklung
>   - Einbettung in strategischen Change
> - Bei diesen liegt die Betonung im Gegensatz zur traditionellen Kaskade, welche die Kommunikation betont, eher auf Aktion und die Verantwortung ist verteilt, liegt also eher bei den Bereichsverantwortlichen als beim Gesamtunternehmen.

5.3 Controlling und Kommunikation von Follow-up-Aktionen

Da erhebliche (interne und externe) Ressourcen in die Planung und Umsetzung der Follow-up-Aktionen investiert werden müssen, um diese erfolgreich zu gestalten, ist ein Reporting und Controlling notwendig, welches idealerweise einem integrativen Modell (wie EFQM, siehe Kapitel 7) folgt.

Dazu gehören die folgenden Elemente in übersichtlicher Form:
- Was war warum geplant? (Plan)
- Was geschah? (Ist)
- Sind diese Maßnahmen stimmig und mit anderen Organisationselementen abgestimmt? (Integration)
- Wie werden die Veränderungen im Unternehmen gesehen? (Wirkung)

Neben einer Vollerhebung der Meinungen aller Mitarbeiter ist es in diesem Rahmen nach Festlegung von bestimmten Themenfeldern als Fokusbereiche für Verbesserungen durchaus üblich, die Fortschritte in diesen Bereichen durch Stichprobenerhebungen »Pulse-Checks« zu messen.

6 Kulturelle Dimensionen bei Mitarbeiterbefragungen

Ich möchte in diesem Buch auch auf kulturelle Unterschiede eingehen, welche mir begegnet sind, als ich dieses Buch geschrieben habe, insbesondere auf die Unterschiede zwischen dem deutschsprachigen und dem englischsprachigen Raum. Ich habe hauptsächlich die Literatur aus diesen beiden Kulturräumen gelesen und möchte auf deren wesentlichen Unterschiede eingehen. Unterschiede ergeben sich bereits in der Wortwahl. Während in Deutschland von Mitarbeiterbefragungen oder knapp einfach nur von »MABs« gesprochen wird, reden die Autoren im englischsprachigen Raum von »Mitarbeiterzufriedenheitsanalysen« (employee satisfaction studies) oder von »Studien zur Mitarbeitereinbringung/ -verpflichtung« (employee engagement studies). Hintergrund dieser Wortwahl ist die Annahme, wie Marcos/Sridevi[64] hervorheben, dass, wenn Mitarbeiter sich »von ganzem Herzen« in das Unternehmen einbringen, dies das Unternehmen »trägt« und zu guten Geschäftsergebnissen beiträgt.

Gemäß Wellins[65] sind dazu fünf Pfeiler erforderlich:
1. Strategieausrichtung (»align efforts with strategy«)
2. Befähigung (»empowerment«)
3. Förderung von Zusammenarbeit im Team (»promote and encourage teamwork and collaboration«)
4. Mitarbeiterentwicklung (»help people grow and develop«)
5. Unterstützung und Anerkennung (»provide support and recognition where approbriate«)

Kurz und knapp beschreiben Marcos/Sridevi das Spannungsfeld, in dem sich Mitarbeiter zwischen Einbringung und »Lethargie« befinden, wie folgt mit Verben, die alle in Englisch mit dem Buchstaben »s« beginnen:

---

64 Marcos, S. u. Sridevi, M: Employee Engagement: The Key to Improving Performance. International Journal of Business and Management, 2010.
65 Richard S. Wellins et al.: Development Dimensions International, Inc., 2005.

sich artikulieren (Meinungen und Ideen)		(schlechte) Meinung (zum Unternehmen) machen
verbleiben und sich einbringen		gefällig werden
	vs.	
nach Entwicklung streben		das Unternehmen
Englisch:		
say		spin
stay	vs.	settle
strive		split

Ich hatte Schwierigkeiten, diese kurzen Beispiele prägnant zu übersetzen, und damit habe ich wahrscheinlich ein gutes Beispiel für die vorgenannten kulturellen Unterschiede gefunden.

Wiley et al.[66] schreiben, dass in »traditionellen Mitarbeiterbefragungen« die Mitarbeiter als »Objekte« angesehen werden, die wie Prüfkörper unter einem Mikroskop untersucht werden. Untersucht man genau genug und weiß man hinreichend über die Mitarbeiter Bescheid, erreicht man eine Minimierung von Risiken wie Fluktuation oder Demotivation.

Borg[67] schlägt vor, dieses Bild umzudrehen und stattdessen zu fragen, was die Mitarbeiter sehen, was sie für gut befinden und welche Verbesserungsvorschläge sie haben (siehe hierzu beispielsweise die vielen Anregungen der Mitarbeiter eines Produktionswerkes in **Anlage E**). Er konstatiert dann weiter, dass sich traditionelle Mitarbeiterbefragungen im deutschsprachigen Raum darauf konzentrieren, »Zufriedenheit« zu messen, in der Hoffnung, dass sich gute Werte ergeben oder um schlechte Werte zu verbessern. Die Ausgangsfrage sollte aber lauten, wo und was aus der Sicht der Mitarbeiter verbessert und verändert werden sollte. Dabei liegt der Fokus zwar eher auf der Unzufriedenheit, aber er bietet Lösungsansätze und Anregungen zur Verbesserung des Status quo.

---

66 Wiley, J., Brooks, S. und Lundby, K.: Put your employees at the other side of the microscope. In: Human Resource Planning, April 2006.
67 A. a. O.

Betrachtet man die zahlreichen Beispiele bei Borg, welcher erkennbar sowohl die amerikanische Umfragekultur wie auch den Umgang in Deutschland mit Mitarbeiterbefragungen kennt, dann liegt deren Fokus im deutschsprachigen Raum eher auf der Analyse und Darstellung von Problemen und deren gründlichem Follow-up. Über Alternativen wie die hier im Buch vorgestellten Follow-up-Verfahren, mit Ausnahme der Einbindung der Follow-up-Aktivitäten in ein »umfangreiches Change Management«, wird nicht berichtet.

Die kritische Rolle der mittleren Führungskräfte und der Kommunikation zwischen diesen und ihren Mitarbeitern wird zwar erwähnt, aber nicht in den Vordergrund gestellt. Wir Deutsche sind sicher besonders gut darin, einen detaillierten Plan zu machen und umzusetzen, während Amerikaner sich eher auf die wesentlichen Ergebnisse und vor allem die Kommunikation und die Einbindung von Führungskräften in diesen Prozess konzentrieren. Entsprechend weist Borg darauf hin, dass Ergebnisse nicht wie wissenschaftliche Forschungsergebnisse präsentiert werden sollten, sondern als Meinungen der Mitarbeiter, die gehört und verstanden wurden und Handlungschancen oder Handlungsbedarfe bieten.

Ich will nicht unerwähnt lassen, dass es mit »Mitarbeiterbefragung – was dann …? MAB und Folgeprozesse erfolgreich gestalten« von Bungard/Müller/Niethammer (2007) ein ganzes Buch nur über Folgeprozesse von Mitarbeiterbefragungen gibt. Es wäre sicherlich interessant zu untersuchen, ob sich daher in den vergangenen 10 Jahren, seitdem viel über die Folgeprozesse als Schwachstelle Nr. 1 für den Erfolg von Mitarbeiterbefragungen in Deutschland geschrieben wurde, etwas in dieser Hinsicht verbessert hat.

Die Grenze zwischen den einzelnen Kulturen verschwimmt, da viele Unternehmen mittlerweile international agieren. Idealerweise kennt man aber die beschriebenen kulturellen Unterschiede und Stärken und verbindet die Gründlichkeit des deutschen Projektmanagements mit der Chancen- und Handlungsorientierung der Amerikaner: Man setzt einen Fokus auf die Entwicklungschancen der mittleren Führungskräfte bei den Follow-up-Prozessen und sieht diese nicht als »Hindernis« für eine erfolgreiche Mitarbeiterbefragung an.

7 Instrument zur Messung der Unternehmensführung

Wie bereits in Kapitel 1 bemerkt, fußt die Entwicklung und Verbreitung von Mitarbeiterbefragungen in der gegenwärtigen Form auf dem umfassenden Bedarf, das Management und die Führung von Unternehmen zu erfassen und mit dem Management und der Führung von anderen Unternehmen zu vergleichen. Der dahinterstehende Grundgedanke besteht darin, zentrale qualitätsrelevante Faktoren zu messen, um mit solchen Kennzahlen über mehrere Jahre hinweg ein Prozess-Controlling vornehmen zu können. Die Mitarbeiter und deren Zufriedenheit sowie die Führung und Kommunikation im Unternehmen sowie weitere »weiche« Faktoren, welche sich nicht direkt messen lassen, spielen neben den »harten« Ergebnissen und Kennzahlen eines Unternehmens eine entscheidende Rolle, den Unternehmenserfolg nachhaltig sicherzustellen. Hieraus entstand der Bedarf, ein EFQM-taugliches (Befragungs-)Instrument zu entwerfen.

Das EFQM-Excellence-Modell ist ein nicht präskriptiver[68] Rahmen für Organisationsmanagementsysteme, das von der EFQM (ehemals Europäische Stiftung für Qualitätsmanagement) gefördert wird und dazu beitragen soll, Organisationen bei ihrer Wettbewerbsfähigkeit zu unterstützen. Das Modell wird regelmäßig überprüft und verfeinert: Das letzte Update wurde im Jahr 2013 veröffentlicht.

Unabhängig von Sektor, Größe, Struktur oder Reife müssen Unternehmen geeignete Managementsysteme etablieren, um erfolgreich zu sein. Das EFQM-Excellence-Modell ist ein praktisches Hilfsmittel, um Organisationen dabei zu unterstützen, indem sie messen, wo sie auf dem Weg zur Exzellenz sind, und ihnen hilft, die Lücken zu verstehen sowie geeignete Verbesserungspotenziale zu identifizieren und umzusetzen. Das EFQM-Grundmodell umfasst die folgenden drei Säulen:
1. Führung
2. Prozesse
3. Ergebnisse

---

68 »Nicht präskriptiv« heißt, dass das Modell keine (die »richtige«) Vorgehensweise, Struktur oder Organisation empfiehlt, sondern bloß feststellenden/konstatierenden Charakter hat.

Um nachhaltig exzellente Ergebnisse zu erzielen, sind die Anstrengungen aller Mitarbeiter und Führungskräfte in einem kontinuierlichen Verbesserungsprozess notwendig. Durch die fortlaufende Betrachtung und Bewertung aller Prozesse werden Informationen über den aktuellen Stand, die kontinuierliche Verbesserung und künftige Trends erarbeitet. So lassen sich nachhaltige Ergebnisse und nachhaltige Zufriedenheit der Kunden, Mitarbeiter und des gesellschaftlichen Rahmens, in dem sich das Unternehmen befindet, erzielen. Das EFQM-Modell ist ein Werkzeug für den Aufbau und die kontinuierliche Weiterentwicklung eines umfassenden Managementsystems. Dieses hilft, eigene Stärken und Schwächen sowie Verbesserungspotenziale zu erkennen und diese nachhaltig zu nutzen.

Damit unterscheidet es sich von weiteren (Qualitäts-)managementsystemen, die sich im Wesentlichen auf die Personalentwicklung und Ausbildung als (für das System relevante) Teilfunktionen des Personalmanagements konzentrieren. Das erweiterte EFQM-System versucht die gesamte Bandbreite der Unternehmensführung zu erfassen und unterscheidet dabei neun Kriterien, die aus fünf Voraussetzungen (englisch: »enablers«) und vier Ergebniskriterien (englisch: »results«) bestehen.

Die entscheidende These des EFQM-Modells ist, dass
- **Ergebnisse** (Umsatz, Absatz, Betriebsergebnisse usw.) eher Informationen über die **Vergangenheit** liefern, während
- **Voraussetzungen/Mittel und Wege** (wie strategische Ausrichtung; Konkurrenzfähigkeit, Verbesserungspotenziale, Trends in Mitarbeiter- und Kundenzufriedenheit, Voraussetzungen für eine dauerhafte Kapitalrendite usw.) Informationen über die **Zukunft** eines Unternehmens liefern.

Ergebnisse und Voraussetzungen werden aktuell für den Europäischen Qualitätspreis wie folgt gewichtet:

EFQM – Generische Struktur der Beurteilungskriterien				
Nr.	Kategorie	Kriterien (Bewertungsbereiche)	Anteil an dauerhaften Ergebnissen	
			Grund-modell	Aktuelle EQA(European Quality Award)-Gewichtung
1.	Vorausset-zungen (Befähiger)	Führung	10%	10%
2.		Strategie	10%	8%
3.		Mitarbeiter	10%	9%
4.		Partnerschaften und Ressourcen	10%	9%
5.		Prozesse, Produkte und Dienstleistungen	10%	14%
6.	Ergebnis-kriterien	Kundenbezogene Ergebnisse	15%	20%
7.		Mitarbeiterbezogene Ergebnisse	10%	9%
8.		Gesellschaftsbezogene Ergebnisse	10%	6%
9.		Schlüsselergebnisse	15%	15%

Tab. 17: EFQM – Generische Struktur der Beurteilungskriterien

Die folgende Abbildung zeigt das »Zusammenspiel« von Befähigern und Ergebnissen im Überblick. Der nach links zeigende Pfeil betont, dass, um nachhaltige Ergebnisse zu erzielen, die Organisation in der Lage sein muss, aus dem Prozess, der zu den Ergebnissen führt, ständig zu lernen und durch Innovation die Befähiger kontinuierlich zu verbessern.

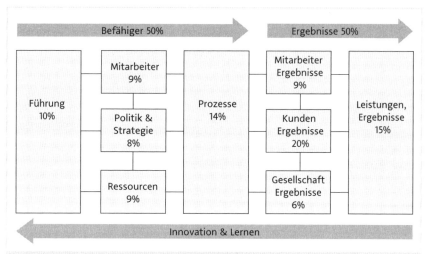

Abb. 16: EQA/EFQM: Gewichtung der Befähiger und Ergebnisse

Jede der genannten Gruppen des Modells ist in mehrere Teilkriterien aufgeschlüsselt, sodass man die Fragen innerhalb einer Mitarbeiterbefragung darauf
gezielt ausrichten kann.

Für ein gemeinsames Verständnis und als Katalysator für Maßnahmen kann es
für die Verantwortlichen hilfreich sein, anhand der nachstehenden von der
EFQM Association erstellten Tabelle[69] eine Antwort auf die Frage zu erhalten:
»Wo steht unser Unternehmen heute bezogen auf dieses Konzept?«

EFQM – Grundkonzepte bei zunehmendem Reifegrad der Organisation

Grundkonzept	Anfänge	Auf dem Weg	Reife Organisation
Ergebnisorientie-rung	Alle relevanten Interessengruppen sind identifiziert.	Die Bedürfnisse der Interessen-gruppen werden systematisch bewertet.	Es gibt transparente Vorgehensweisen, um die Erwartungen der Interes-sengruppen auszugleichen.

---

69   Diese Tabelle ist öffentlich über »EFQM – Die Grundkonzepte der Excellence« von 2003 zugänglich.

EFQM – Grundkonzepte bei zunehmendem Reifegrad der Organisation

Grundkonzept	Anfänge	Auf dem Weg	Reife Organisation
Ausrichtung auf den Kunden	Kundenzufriedenheit wird bewertet.	Ziele und Teilziele sind mit den Kundenbedürfnissen und -erwartungen verknüpft. Aspekte zur Loyalität werden untersucht.	Treibende Kräfte bzgl. Kundenzufriedenheitsbedürfnissen und Loyalitätsaspekten werden verstanden, gemessen und lösen Maßnahmen aus.
Führung und Zielkonsistenz	Vision und Mission sind formuliert.	Politik, Mitarbeiter und Prozesse sind auf die Vision/Mission ausgerichtet. Es gibt ein Führungskonzept.	Auf allen Organisationsebenen gibt es gemeinsame Werte und ethische Vorbilder.
Management mittels Prozessen & Fakten	Die Prozesse zum Erzielen der gewünschten Ergebnisse sind definiert.	Vergleichsdaten und -informationen werden verwendet, um herausfordernde Ziele zu setzen.	Die Prozessfähigkeit wird voll verstanden und verwendet, um Leistungsverbesserungen voranzutreiben.
Mitarbeiterentwicklung & -beteiligung	Die Mitarbeiter fühlen sich eigenverantwortlich für die Lösung von Problemen.	Die Mitarbeiter arbeiten innovativ und kreativ daran mit, die Ziele der Organisation zu unterstützen.	Die Mitarbeiter sind ermächtigt zu handeln und teilen offen Wissen und Erfahrung miteinander.
Kontinuierliches Lernen, Innovation & Verbesserung	Verbesserungsmöglichkeiten sind identifiziert und Maßnahmen werden ergriffen.	Kontinuierliche Verbesserung ist ein anerkanntes Ziel für alle.	Erfolgreiche Innovation und Verbesserung ist weit verbreitet und integriert.

EFQM – Grundkonzepte bei zunehmendem Reifegrad der Organisation

Grundkonzept	Anfänge	Auf dem Weg	Reife Organisation
Entwicklung von Partnerschaften	Es gibt einen Prozess zur Auswahl und zum Managen von Lieferanten.	Verbesserungen und Leistungen von Lieferanten werden erkannt und wichtige externe Partner wurden identifiziert.	Die Organisation und ihre wichtigsten Partner sind voneinander abhängig – Pläne und Politik werden gemeinsam entwickelt und beruhen auf dem Austausch von Wissen.
Soziale Verantwortung	Gesetzliche und behördliche Auflagen werden verstanden und eingehalten.	Es gibt ein aktives Engagement für die Gesellschaft.	Die Erwartungen der Gesellschaft werden gemessen und es werden Maßnahmen ergriffen.

Tab. 18: EFQM – Grundkonzepte bei zunehmendem Reifegrad der Organisation

Um den Reifegrad einer Organisation innerhalb dieses Modells zu messen, hat die EFQM Association in den vergangenen Jahren die »RADAR-Logik« entwickelt.

Abb. 17: RADAR Kreislauf-Logik zur Messung des Reifegrades einer Organisation

Das Wort RADAR setzt sich zusammen aus den Anfangsbuchstaben der Begriffe *Results* (Ergebnisse), *Approach* (Vorgehen), *Deployment* (Umsetzung) und *Assessment and Refinement* (Bewertung und Verbesserung). Diese Elemente beeinflussen sich gegenseitig, können einzeln gemessen werden und erlauben in der Gesamtmessung einen Vergleich des bewerteten Unternehmens mit anderen Unternehmen.

Zusammenfassung

- Das EFQM-Modell erlaubt die Bewertung der nachhaltigen Führung von Unternehmen aus ganzheitlicher Sicht.
- Die EFQM-Bewertung eines Unternehmens fußt auf der Bewertung von Menschen, Prozessen und Ergebnissen.
- Die EFQM-Bewertung erlaubt einen Vergleich mit anderen Unternehmen, welche auch nach dem EFQM-Modell bewertet wurden.
- Auch der »Reifegrad« eines Unternehmens oder einer Organisation kann innerhalb dieses Modells gemessen werden und zwar mit der RADAR-Logik.

8 Aufstellung und Bewertung des Personalbereichs

Das EFQM-Modell betrifft den Personalbereich in hohem Maße und das nicht nur bezüglich der Maßnahmen zur Schulung und Personalentwicklung, wie es von der Norm ISO 9001gefordert wird. Mittlerweile nutzen viele Personalressorts das EFQM-Modell zur Bestandsaufnahme und Verbesserung ihrer Prozesse. Außerdem hat das Personalressort durch seine Handhabe zur Einwirkung auf die Kriterien »Führung«, »Politik und Strategie«, »Mitarbeiter« und »Mitarbeiterbezogene Ergebnisse« des EFQM-Modells viele Möglichkeiten, Einfluss auf die Entwicklung des Unternehmens zu nehmen.

Mit dieser Zielrichtung kann man auch den Personalbereich selbst explizit im Rahmen einer Mitarbeiterbefragung untersuchen lassen. Bei einer solchen Vorgehensweise bietet es sich an, sowohl die **Angemessenheit der Leistungen des Personalbereichs**, d.h. die Passgenauigkeit des Leistungsportfolios des Ressorts wie auch die **Qualität dieser Leistungen,** zu untersuchen, wobei sich die Qualität der Leistungserbringung des Personalressorts in die Wirksamkeit der Leistungen (d.h., führen diese zum gewünschten oder erklärten Erfolg, z.B. zur Entwicklung der Mitarbeiter oder zur Einstellung von geeigneten neuen Mitarbeitern?), als auch in die Servicequalität der Leistungserbringung durch die Personalmitarbeiter unterteilen lässt.[70]

8.1 Leistungsportfolio des Personalbereichs

Aktuelle Studien, wie z.B. der HR-REPORT der Hays Holding GmbH[71] und die Studie Global Human Capital Trends 2016 der Deloitte GmbH Wirtschaftsprüfungsgesellschaft[72], zeigen erfolgskritische Handlungsfelder für den Personalbereich,

---

70 Ein weiteres Beurteilungskriterium für die Qualität ist auch die Effizienz der Personalprozesse. Da hier jedoch die Art der Leistungserbringung gemessen wird und nicht die Wirkung, bieten sich eher eigene Untersuchungen (z.B. Prozessanalyse) und Kennzahlen an als eine Bewertung im Rahmen einer Mitarbeiterbefragung.
71 www.hays.de/personaldienstleistung-aktuell/studie/hr-report-2013-2014-schwerpunkt-frauenfoerderung
72 www2.deloitte.com/de/de/pages/human-capital/articles/global-human-capital-trends-2016.html.

wie z.B. Führungsentwicklung, Weiterentwicklung der Kultur oder Frauenförderung, deutlich und übereinstimmend auf. Wenn man sich jedoch das aktuelle Leistungsportfolio der Personalbereiche in Deutschland ansieht, klaffen Anspruch und Wirklichkeit deutlich auseinander.

Die nachfolgende Abbildung bietet ein Beurteilungsschemata zur Einordnung der gegenwärtigen Dienstleistungen des Personalbereichs im Spannungsfeld von Effektivität (die richtigen Dinge machen) und Effizienz (die Dinge richtig machen).

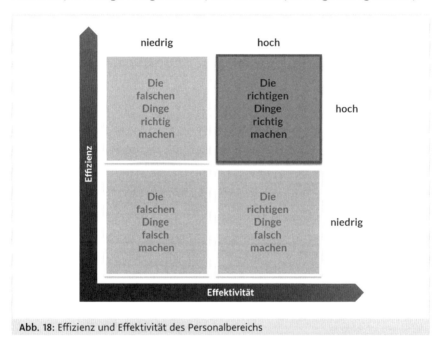

Abb. 18: Effizienz und Effektivität des Personalbereichs

Wenn ich in meinen Seminaren Verantwortliche für das Personalressort frage, wie groß der Anteil ihres Ressourceneinsatzes im Quadranten oben rechts ist, liegen die Antworten meist bei 50% oder weniger. Daher schlage ich vor, bei der Beurteilung der Produkte und Dienstleistungen des Personalbereichs in einem ersten Schritt danach zu fragen, ob die Leistungen des Personalbereichs den Bedarfen des Unternehmens entsprechen. Dazu kann man sowohl die geplanten Dienstleistungen des Personalbereichs bewerten lassen, z.B. durch Fragen wie:»Wie wichtig sind für mich die folgenden Leistungen des Personalbereiches, damit ich meine Aufgaben in optimaler Weise ausführen kann?«, als auch in offenen Fragen nach gewünschten Dienstleistungen fragen.

Diese Fragen sollten von den »Kunden« des Personalbereichs beantwortet werden. Da viele erfolgskritische Leistungen des Personalbereichs eher strategischer Natur sind, ist hierbei die Frage berechtigt, ob alle Mitarbeiter eine solche Bewertung abgeben können oder eher nur die (oberen) Führungskräfte. Dies ist beim »Design« der Befragung zu berücksichtigen.[73]

8.2 Qualität der Leistungen des Personalbereichs

Neben der Passgenauigkeit des Leistungsportfolios des Personalbereichs ist es wichtig, dass HR-Dienstleistungen auch die gewünschte Wirkung erzielen und Gütekriterien wie Erreichbarkeit/Zugänglichkeit, Verantwortungsübernahme, Verlässlichkeit, Hilfsbereitschaft, Glaubwürdigkeit, Vertraulichkeit, Unabhängigkeit, Gerechtigkeit etc. erfüllen, welche insbesondere für das Personalressort gelten.

Mit diesem Fokus sind neben Fach- und Methodenkompetenz die folgenden Fragen bzw. Statements zur Bewertung denkbar (siehe auch **Anlage F**):

Effektivität
- Ich bin zufrieden mit
  - Dienstleistung 1.
  - Dienstleistung 2.
  - …
- Der Personalbereich macht einen guten Job bei
  - dem Recruiting neuer Mitarbeiter.
  - der Entwicklung der Führungskräfte.
  - der Förderung von Diversity und Inklusion im Unternehmen.
  - …

---

73   In der Praxis werden hierzu meist nur die Führungskräfte befragt.

Servicequalität

- Mit dem Service der Personalabteilung bin ich insgesamt zufrieden.
- Mein Ansprechpartner im Personalbereich vertritt meine Interessen gut.
- Die Mitarbeiter des Personalbereichs (HR Business Partner etc.)
  - sind für mich erreichbar.
  - hören mir zu.
  - sind offen für meine Belange und Anliegen.
  - setzen sich für meine Belange ein.
  - halten Zusagen ein.
  - helfen mir bei der Lösung meiner Probleme/Anliegen.
  - beantworten meine Fragen schnellstmöglich.
  - sind objektiv und gerecht.
  - helfen mir unabhängig von meinem Geschlecht, meiner Hautfarbe etc.
- Ich verstehe die Kommunikation des Personalbereichs.
- Meine Anliegen werden vom Personalbereich vertraulich behandelt.
- Der Personalbereich ist unabhängig und hilft mir auch, meine Anliegen gegenüber der Geschäftsleitung zu vertreten.
- …

! **Zusammenfassung**

- Im Rahmen einer Mitarbeiterbefragung kann auch die Aufstellung und Leistungserbringung der Personalfunktion bewertet werden.
- Hierbei sollte nach den folgenden Themenfeldern befragt werden:
  - der Angemessenheit der angebotenen Dienstleistungen des Personalbereichs und
  - der Qualität der erbrachten Dienstleistungen. Diese lässt sich nach deren Servicequalität und deren Wirkung beurteilen.

9 Literaturverzeichnis

A Guide To Successful Employee Survey Research (2016). Abgerufen am 18.07.2016 von www.insightlink.com: www.insightlink.com/employee-survey-guide-3-best-practices. html

al., R. S. (2005). Development Dimensions International, Inc. Abgerufen am 29.10.2016 von www.ddiworld.com/employee-engagement

Bersin by Deloitte. (2016). Measuring Employee Engagement: Navigating the Options and Vendors. Oakland, California: Deloitte Development LLC.

Borg, I. (2014). Mitarbeiterbefragungen in der Praxis. Hogrefe.

Borg, I. u. (2008). Employee Surveys in Management: Theories, Tools, and Practical Applications. Hogrefe.

Boudreaut, J. u. (2007). Beyond HR: The New Science of Human Capital. Harvard Business Review Press.

Brandenburger, T. u. (2012). Praxis der Wirtschaftspsychologie II: Themen und Fallbeispiele für Studium und Anwendung. Monsenstein und Vennerdat.

Bungard, W., & Müller, K. u. (2007). Mitarbeiterbefragung – was dann…? MAB und Folgeprozesse erfolgreich gestalten. Springer.

Church, H. u. (1998). Designing and Using Organizational Surveys. Jossey-Bass (Wiley).

Deitering, F. (2006). Folgeprozesse bei Mitarbeiterbefragungen. Hampp.

Deloitte GmbH Wirtschaftsprüfungsgesellschaft. (20.09.2016). Global Human Capital Trends 2016. Von www2.deloitte.com/de/de/pages/human-capital/articles/global-human-capital-trends-2016.html abgerufen

Deutschland, G. P. (28.09.2006). Great Place to Work®. Von www.greatplacetowork.de/ueber-uns/unser-ansatz/was-bedeutet-ausgezeichnete-arbeitsplatzkultur abgerufen

EFQM. (2003). EFQM – Die Grundkonzepte der Excellence. EFQM Foundation.

Ghosn, C. (2002). Saving the Business Without Losing the Company – Breaking with Tradition in a Foreign Land. Working Knowledge – Harvard Business School.

Glatz, H. u. G. (2011). Handbuch Organisation gestalten (2. Auflage). BELZ.

Hays Holding GmbH. (29.09.2016). HR-REPORT 2013/2014. Von www.hays.de/personaldienstleistung-aktuell/studie/hr-report-2013-2014-schwerpunkt-frauenfoerderung abgerufen

Hinrichs, S. (2009). Mitarbeiterbefragungen. Düsseldorf: Hans-Böckler-Stiftung (Archiv betriebliche Vereinbarungen).

Hossiep, R., & Frieg, P. (2008). Der Einsatz von Mitarbeiterbefragungen in Deutschland, Österreich und der Schweiz. Planung und Analyse, S. 55-59.

Insightlink Communications. (28.09.2016). Employee Survey Sample Report – Insightlink (Page 10). Von www.insightlink.com/insightlink4cscomprehensiveanalysisreportex-cerpts.pdf abgerufen

Jöns, I. u. (2005). Feedbackinstrumente in Unternehmen – Grundlagen, Gestaltungshin-weise, Erfahrungsberichte. Springer Gabler.

Kador, J. u. (2010). Perfect Phrases for Writing Employee Surveys. McGraw-Hill.

Kanexa High Performance Institute. (2012). Engagement Levels in Global Decline. London.

Kraut, A. (2006). Getting Action from Organizational Surveys: New Concepts, Technolo-gies, and Applications. Pfeiffer.

Levenson, A. (2014). Employee Surveys that work. Berrett-Koehler.

Marcos, S. u. Sridevi, M. (12 2010). Employee Engagement: The Key to Improving Perfor-mance. International Journal of Business and Management, S. 89-95.

Maurer, M. (2009). Wiener Studieneignungs-Persönlichkeitsinventar (WSP) – Formulie-rung eines Regelkataloges zur Itemkonstruktion und dessen Anwendung zur Erstel-lung eines Itempools. Universität Wien.

Nürnberg, V. (13.07.2016). Mitarbeiterbefragungen mit einem TeleDialogSystem (TED) erstellen, durchführen und auswerten. Von www.youtube.com/watch?v=NnTPcYA dk4U&noredirect=1 abgerufen

Scottish Government. (28.09.2006). Scottish Government Employee Survey 2008 Results Report. Von www.gov.scot/Publications/2009/03/19111703/4 abgerufen

Wiley, J. (2010). Strategic Employee Surveys: Evidence-based Guidelines for Driving Or-ganizational Success. Pfeiffer.

Wiley, J. B. (04.2006). Put your employees at the other side of the microscope. Human Resource Planning, S. 15.

Wolters Kluwer Deutschland GmbH (09.2014). MARKTCHECK Mitarbeiterbefragungen. Personalwirtschaft.

10 Anlagen

Anlage A: Mustereinladungsschreiben zur Mitarbeiterbefragung

Anlage B: Einige Regeln zur Itemkonstruktion bei Mitarbeiterbefragungen, angelehnt an Maurer, M.: Wiener Studieneignungs-Persönlichkeitsinventar (WSP) – Formulierung eines Regelkataloges zur Itemkonstruktion und dessen Anwendung zur Erstellung eines Itempools, 2009.

Anlage C: Exemplarischer Vergleich von drei MAB-Software Anbietern bei www.capterra.com

Anlage D: Muster eines redaktionell aufbereiteten »Management Summary« der Ergebnisse einer Mitarbeiterbefragung

Anlage E: Antworten auf offene Fragen bei einer Mitarbeiterbefragung

Anlage F: Beispiel einer Befragung zur Zufriedenheit der HR-Kunden

Anlage A: Mustereinladungsschreiben zur Mitarbeiterbefragung

An alle MitarbeiterInnen der <u>FIRMA</u>

<u>ORT</u>, den …

Mitarbeiterbefragung 2015

Sehr geehrte Mitarbeiterinnen und Mitarbeiter,

am <u>DATUM</u> werden wir im Rahmen unserer Mitarbeiterversammlung in <u>ORT</u> eine Mitarbeiterbefragung mit einem elektronischen Abstimmungssystem (TED) durchführen. Die Befragung wird von 16:30-17:30 Uhr im Tagungsraum des <u>ORT MIT ADRESSE</u> stattfinden.

Die Mitarbeiterumfrage gibt allen Beschäftigten eine Gelegenheit, ihre Meinung zu äußern, und ermöglicht der Geschäftsleitung und dem Betriebsrat, zu verstehen, wie Sie als MitarbeiterIn gegenüber der **FIRMA** als Organisation eingestellt sind und wie Sie über das Unternehmen, unsere Stärken und Schwächen, die Qualität der Führung, unsere Unternehmenswerte und Leitbilder, unser Bonussystem und die Arbeitszeitregelung denken und wie zufrieden Sie mit uns sind.

Ziel ist es, bewusst dort Veränderungen anzustoßen, wo Sie als Mitarbeiter im Detail einen Verbesserungsbedarf sehen.

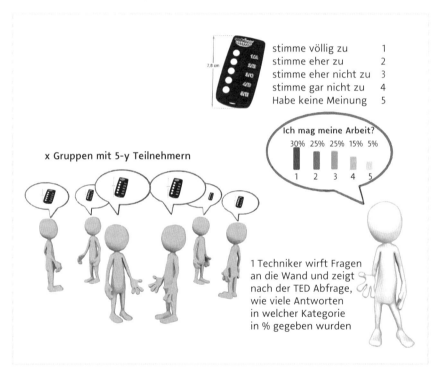

Diese Mitarbeiterbefragung wird als TED-Befragung von der Firma voteworks (www.voteworks.de/) wie nachfolgend dargestellt durchgeführt und ist anonym. Die Planung und Auswertung erfolgt mit Unterstützung von HR Business Transparency Consulting (www.hr-transparency.de/). Es wird nach Ihrem Geschlecht, Ihrem Bereich (in den Kategorien »X« und »Y«), sowie nach Ihrer Betriebszugehörigkeit (in zwei Gruppen) gefragt und es wird eine Auswertung

nach den daraus resultierenden 8 Gruppen geben, welche Sie kurzfristig innerhalb weniger Wochen nach der Durchführung erhalten werden. Wir werden Sie
dann auch über die Aktionen zur Verbesserung von Einzelthemen im Detail kurzfristig informieren und Sie als Mitarbeiter auf dem Laufenden halten.

Uns liegt Ihre Teilnahme besonders am Herzen, denn nur durch Ihre Meinungs-
äußerung können wir wirksam auf Ihre Wünsche eingehen.

Mit freundlichen Grüßen

FIRMA

Unterschriften der Geschäftsführung

Anlage B: Einige Regeln zur Itemkonstruktion bei Mitarbeiterbefragungen

Die Regeln sind angelehnt an Maurer[74]:
1. Fragen einfach und verständlich formulieren
2. Auf Fachwörter verzichten
3. Keine missverständlichen oder doppeldeutigen Begriffe verwenden
4. Strukturbegriffe müssen präzise sein (z.B. Vorgesetzte/Geschäftseinheiten müssen für alle Mitarbeiter eindeutig sein, wenn danach gefragt wird)
5. Nur nach Einschätzungen fragen, wenn angenommen werden kann, dass alle Befragten damit vertraut sind
6. Auf doppelte Verneinungen verzichten
7. Pro Item nur eine einzige Aussage abfragen
8. Qualifizierende Worte wie »nie, selten, manchmal, oft, häufig etc.« vermeiden (diese gehören in die Spezifikation der Antwortmöglichkeiten)
9. Durch situative Einengung können die Fragen eindeutiger formuliert werden: z.B. durch Formulierungen konkreter Situationen und Verhaltensweisen wie

---

74 Maurer, Martina: Wiener Studieneignungs-Persönlichkeitsinventar (WSP) – Formulierung eines Regel-kataloges zur Itemkonstruktion und dessen Anwendung zur Erstellung eines Itempools, 2009.

»Ich verstehe die Botschaften der Geschäftsführung bei den »Townhall-Meetings«.«

10. Wechseln der Antwortrichtung zur Vermeidung von inhaltlicher Zustimmungstendenz (Akquiszenz)

11. Die Fragen müssen »angemessen anspruchsvoll« sein, Fragen, auf die jeder mit »Ja« oder »Nein« antwortet, sind nicht informativ.

12. Die Fragen müssen so formuliert sein, dass sie nicht schnell »veralten«.

13. Personalisierung der Fragen, d.h. persönliche Ansprache, fördert die Identifikation mit den Antworten.

14. Nach dem zu messenden Merkmal sollte indirekt gefragt werden, um ungefilterte Einschätzungen und nicht vorgefertigte Meinungen zu erfragen. Anstatt zu fragen: »Mein direkter Vorgesetzter führt gut«, ist eine indirekte Variante vorzuziehen: »Mein Vorgesetzter respektiert mich«, »Mein Vorgesetzter zieht meine Verbesserungsvorschläge in Betracht«, »Mein Vorgesetzter spricht mit mir regelmäßig (mindestens einmal im Jahr) über die Qualität und die Ergebnisse meiner Arbeit«.

Anlage C: Vergleich von MAB-Software-Anbietern

Exemplarischer Vergleich von drei MAB-Software Anbietern bei www.capterra.com[75]

---

75 www.capterra.com/survey-software/compare/72396-32728-127979-128048/Qualtrics%20Insight%20Platform-vs-SurveyMonkey-vs-Netigate-vs-2ask.

	Qualtrics Insight Platform by Qualtrics	SurveyMonkey by SurveyMonkey	Netigate by Netigate
Target Market			
Who Uses This Software?	Organizations of any size seeking a research platform that delivers the insights that drive real change, momentum, and growth.	Vendor hasn't provided information yet.	Enterprise feedback management, web based surveys, EFM, Online Surveys, Marketing research, Customer satisfaction surveys, Panel research surveys, Human Resource Surveys, Survey Tool, Event Evaluation
Target Customer Size (Users)	1 - 1000+	Vendor hasn't provided information yet.	1 - 1000+
Pricing			
Starting Price	$299.00/year	$26.00/month	Not Available
Free Trial	√ Yes	√ Yes	√ Yes
Product Details			
Deployment	√ Cloud, SaaS, Web – Installed - Windows – Installed - Mac – Mobile - iOS Native – Mobile - Android Native	√ Cloud, SaaS, Web – Installed - Windows – Installed - Mac √ Mobile - iOS Native √ Mobile - Android Native	√ Cloud, SaaS, Web √ Installed - Windows √ Installed - Mac √ Mobile - iOS Native – Mobile - Android Native
Features	√ 360 Degree Feedback √ Custom Survey URLs √ Data Analysis Tools √ Email Distribution √ Embeddable Survey √ Kiosk Survey √ Mobile Survey √ Multiple Question Types √ Offline Response Collection √ Online Survey √ Paper Survey √ Phone Survey √ Question Branching √ Question Library √ Site Intercept Survey √ Skip Logic √ Social Media Integration √ Supports Audio / Images / Video √ Templates	– 360 Degree Feedback √ Custom Survey URLs – Data Analysis Tools √ Email Distribution – Embeddable Survey – Kiosk Survey – Mobile Survey – Multiple Question Types – Offline Response Collection – Online Survey – Paper Survey – Phone Survey – Question Branching – Question Library – Site Intercept Survey – Skip Logic – Social Media Integration – Supports Audio / Images / Video √ Templates	√ 360 Degree Feedback √ Custom Survey URLs √ Data Analysis Tools √ Email Distribution √ Embeddable Survey √ Kiosk Survey √ Mobile Survey √ Multiple Question Types √ Offline Response Collection √ Online Survey √ Paper Survey √ Phone Survey √ Question Branching √ Question Library √ Site Intercept Survey √ Skip Logic √ Social Media Integration √ Supports Audio / Images / Video √ Templates
Training & Support			
Support	√ 24/7 (Live Rep) √ Business Hours √ Online	√ 24/7 (Live Rep) √ Business Hours √ Online	– 24/7 (Live Rep) √ Business Hours √ Online
Training	√ In Person √ Live Online √ Webinars √ Documentation	– In Person √ Live Online √ Webinars √ Documentation	√ In Person √ Live Online √ Webinars √ Documentation

Abb. 19: Exemplarischer Vergleich von drei MAB-Software-Anbietern bei www.capterra.com

Anlage D: Muster eines redaktionell aufbereiteten »Management Summary« der Ergebnisse einer Mitarbeiterbefragung

Beteiligung

Durch die Form der Befragung ergab sich eine hohe Beteiligung.

82 % (37 Teilnehmer in 4 Gruppen von 45 Mitarbeitern, ohne Geschäftsführung & Partner)

Gruppen-Nr.	Standort	Bereich	Teilnehmer
1	Ort A	Fachmitarbeiter	11
2	Ort A	Admin	5
3	Ort B	Fachmitarbeiter	13
4	Ort B	Admin	8

Gesamtstimmung

Anmerkung: Gefragt wurde bei den meisten Fragen[76] nach hoher Zustimmung (++), Zustimmung (+), Nicht-Zustimmung (-), hoher Nicht-Zustimmung (--) sowie einer weiteren Kategorie für diejenigen, die die Frage nicht beantworten. Die Prozente in den nachfolgenden Auswertungen beziehen sich auf den Prozentanteil der positiven Antworten (Zustimmung; Mittelwert der Summe ++ und +) in der jeweils relevanten Gruppe, in Einzelfällen auch auf den Prozentanteil der negativen Antworten (Mittelwert der Summe − und − -) in der relevanten Gruppe.

Die **Zustimmungsrate liegt insgesamt bei 53,5 %,** jeweils etwa 5 Prozentpunkte höher sowohl bei den Mitarbeitern aus Ort A gegenüber denjenigen aus Ort B, wie auch bei den Fachmitarbeitern gegenüber den administrativen Mitarbeitern. Innerhalb der vier Gruppen findet sich mit 59,6 % die höchste Zustimmungsrate bei den Fachmitarbeitern in Ort A.

---

76   Außer bei den Stärken-/Schwächenfragen.

Zeilenbeschriftungen	Mittelwert von ++/+
Ort A	56,2%
Fachmitarbeiter	59,6%
Admin	52,7%
Ort B	51,5%
Fachmitarbeiter	53,1%
Admin	50,0%
Gesamtergebnis	53,9%

Zeilenbeschriftungen	Mittelwert von ++/+
Fachmitarbeiter	56,4%
Admin	51,3%
Gesamtergebnis	53,9%

Zustimmung nach Fragenkategorie

Bringt man die (durchschnittlichen) Zustimmungsraten nach den Fragenkategorien in eine geordnete Reihe, so findet man die höchsten Werte bei der Zufriedenheit der Mitarbeiter mit ihrem jeweiligen Vorgesetzten und die niedrigsten Zustimmungsraten bei den Fragen zur Vergütung.

Die größte Abweichung innerhalb der Gruppen findet sich bei den Fragen zur Gesamtvergütung, welche von den Ort-B-Mitarbeitern fast 20 Prozentpunkte schlechter beantwortet werden

Mittelwert von ++/+	Spaltenbeschriftungen		
Zeilenbeschriftungen	Fachmit-arbeiter	Admin	Gesamt
Zufriedenheit der Mitarbeiter mit ihrem Vorgesetzten	62,8%	60,4%	61,6%
Identifikation der Mitarbeiter mit den Unternehmenszielen und Leitbildern	61,5%	57,8%	59,7%
allgem. Mitarbeiterzufriedenheit	58,0%	55,6%	56,8%
Stärken und Schwächen des Unternehmens	61,4%	50,6%	56,0%
Zufriedenheit der Mitarbeiter mit Gesamtvergütung	14,1%	16,6%	15,3%
Gesamtergebnis	56,4%	51,3%	53,9%

Mittelwert von ++/+	Spaltenbeschriftungen		
Zeilenbeschriftungen	Ort A	Ort B	Gesamt
Zufriedenheit der Mitarbeiter mit ihrem Vorgesetzten	59,9%	63,3%	61,6%
Identifikation der Mitarbeiter mit den Unternehmenszielen und Leitbildern	65,3%	54,0%	59,7%
allgem. Mitarbeiterzufriedenheit	60,5%	53,1%	56,8%
Stärken und Schwächen des Unternehmens	55,5%	56,6%	56,0%
Zufriedenheit der Mitarbeiter mit Gesamtvergütung	25,2%	5,4%	15,3%
Gesamtergebnis	**56,2%**	**51,5%**	**53,9%**

Zustimmung nach Frage

Bringt man die (durchschnittlichen) Zustimmungsraten zu den einzelnen Fragen in eine geordnete Reihe, so ergeben sich die folgenden **Highlights** mit Zustimmungsraten von:

Vielfältigkeit der Persönlichkeiten	96,2%
Verantwortlichkeit ggü. der Arbeit und dem Mandanten	91,5%
Open Door Policy	85,6%
Respekt durch den Vorgesetzten	81,2%
Stolz für die Firma xyz zu arbeiten	81,2%

Das sind – auch im Vergleich zu anderen Unternehmen – sehr hohe Zustimmungsraten, welche sich auch zu einem guten Teil mit der gewünschten Zielkultur der Firma xyz decken.

Bei der Kommunikation der Ergebnisse sollte unbedingt der Stolz der Geschäftsführung über diese Antworten zum Ausdruck gebracht werden!

Bei fünf Fragen lag die Zustimmungsrate unter 30%, diese Lowlights waren mit Zustimmungsraten von:

Marktgerechtigkeit der Gesamtvergütung	5,0%
Passgenauigkeit der Gesamtvergütung an die Unternehmensentwicklung.	5,0%
Wunsch, bei Firma xyz Partner zu werden	17,3%
Transparenz und Nachvollziehbarkeit der Entlohnung	18,7%
Interne Prozesse und Abläufe	20,5%

Hierzu ist anzumerken, dass der Wunsch, Partner zu werden, aus der Natur der Positionen und Aufgaben nicht bei viel höheren Mitarbeiteranteilen zu erwarten ist.

Fragen zur Vergütung werden zudem sehr selten in einer Mitarbeiterbefragung sehr positiv bewertet, allerdings fallen die Zustimmungsraten bei der Firma xyz besonders niedrig aus.

Weiterhin gibt es Zustimmungsraten zwischen 30-40% bei den folgenden Fragen:

Interne Kommunikation	32,0%
Direkte und ehrliche Kommunikation	32,3%
Gerechtigkeit der Bonusverteilung	32,5%
Vorbildfunktion der Partner	35,4%
Klarheiten der Aufgaben im Arbeitsumfeld	36,1%

Schaut man auf die durchschnittlichen Werte der Nicht-Zustimmung (Mittelwert -/- -), zeigen sich die gleichen Arbeitsfelder, wobei die interne Kommunikation, sowie die internen Prozesse mit Raten der Nicht-Zustimmung jeweils über 60% noch über der Nicht-Zustimmung zur Vergütung liegen.

Ebenso tauchen bei dieser Sichtweise mit über 50% Nicht-Zustimmung auch noch die Klarheit der Arbeitsaufgaben und deren Passgenauigkeit zur Position auf.

Mittelwert von ++/+	Spaltenbeschriftungen		
Zeilenbeschriftungen	Ort A	Ort B	Gesamt
Ich fühle mich immer verantwortlich für die Ergebnisse und den Service meiner Arbeit gegenüber dem Mandanten.	95,5%	87,5%	91,5%
Open Door Policy	90,9%	80,8%	85,8%
Mein Vorgesetzter respektiert mich in unserer Arbeits-beziehung.	76,4%	86,1%	81,2%
Persönliche Beratung der Mandanten	70,9%	69,7%	70,3%
Arbeitsbedingungen	90,0%	67,3%	78,7%
Qualifikation der Mitarbeiter	66,4%	67,3%	66,8%
Schnelle Beratung der Mandanten	60,9%	72,1%	66,5%
Stimmung unter den Kollegen	66,4%	62,0%	64,2%
Qualität der Beratung	60,9%	67,3%	64,1%
Mein Vorgesetzter zieht meine Verbesserungsvorschläge immer in Betracht.	61,8%	59,6%	60,7%
Vereinbarkeit Berufsleben und Privatleben	61,8%	55,8%	58,8%
Ich habe ausreichend Freiheiten, um die Mandanten-bedürfnisse umzusetzen.	61,8%	55,8%	58,8%
Wir arbeiten zusammen wie in einer erfolgreichen Fußball-mannschaft und sind keine Einzelkämpfer.	52,7%	54,3%	53,5%
Ich kenne die Ziele meiner Position.	52,7%	54,3%	53,5%
Externe Kommunikation	32,7%	67,3%	50,0%
Enge Bindung an die Mandanten	46,4%	53,4%	49,9%
Meine Aufgaben sind eindeutig definiert und passen zu den Zielen meiner Position.	38,2%	60,6%	49,4%
Wertschätzung der Kollegen	48,2%	34,1%	41,2%
Allen Kollegen und Vorgesetzen sind die Aufgaben meiner Position klar.	32,7%	39,4%	36,1%
Vorbildfunktion der Partner	32,7%	38,0%	35,4%

Interne Kommunikation	33,6%	30,3%	32,0%
Interne Prozesse/Abläufe	14,5%	26,4%	20,5%
Die Höhe der ausgezahlten Gesamtvergütung entspricht der Unternehmensentwicklung.	10,0%	0,0%	5,0%
Die Höhe der ausgezahlten Gesamtvergütung ist marktgerecht.	10,0%	0,0%	5,0%
Ich vertraue auf die wirtschaftliche Zukunft von Firma X.	90,0%	65,9%	77,9%
Ich bin stolz, für Firma X zu arbeiten.	85,5%	76,9%	81,2%
Ich würde Firma X als Arbeitgeber in meinem Freundes- und Bekanntenkreis empfehlen.	46,4%	51,9%	49,1%
Ich glaube, dass ich bei Firma X eine Zukunft habe.	76,4%	54,3%	65,3%
Mein Arbeitsplatz bei Firma X ist sicher.	70,9%	55,8%	63,3%
Ich kann mir langfristig vorstellen bei Firma X Partner zu werden.	9,1%	25,5%	17,3%
Ich kann mir vorstellen, weiterhin bei Firma X zu arbeiten.	52,7%	40,4%	46,6%
Bei Firma X arbeiten die unterschiedlichsten Persönlichkeiten.	100,0%	92,3%	96,2%
Firma X bietet keine Standardprodukte an, sondern konzipiert maßgeschneiderte, individuelle Lösungen.	51,8%	54,8%	53,3%
Bei Firma X sind die Mitarbeiter die wichtigste Ressource.	51,8%	41,8%	46,8%
Firma X ist ein lernendes und innovatives Unternehmen.	56,4%	64,4%	60,4%
Bei Firma X herrscht ein kooperativer Führungsstil, geprägt von Wertschätzung & Respekt.	67,3%	48,1%	57,7%
Bei Firma X wird Teamarbeit gelebt.	70,9%	63,5%	67,2%
Bei Firma X werden und können sich alle Mitarbeiter entwickeln.	76,4%	50,5%	63,4%
Bei Firma X wird direkt und ehrlich kommuniziert.	48,2%	16,3%	32,3%
Die Entlohnung bei Firma X ist transparent und nachvollziehbar.	33,6%	3,8%	18,7%
Die Bonusverteilung bei Firma X ist gerecht.	47,3%	17,8%	32,5%
Gesamtergebnis	**56,2%**	**51,5%**	**53,9%**

Zielkultur vs. empfundene Kultur

Die gewünschte Zielkultur wird von den Mitarbeitern weitgehend auch so empfunden. Das ist ein starkes Asset der Firma xyz!

Lediglich bei der »offenen und direkten Kommunikation« und bei den »maßgeschneiderten individuellen Kundenprodukten und -lösungen« gibt es deutliche Abweichungen gegenüber der Zielkultur, insbesondere werden diese am Standort Ort B empfunden.

Stärken und Schwächen des Unternehmens (aus Mitarbeitersicht)

Die Mitarbeiter sehen deutlich mehr Stärken als Schwächen des Unternehmens. Die Schwächen decken sich mit den geringen Zustimmungswerten bei ähnlichen Fragen.

Empfehlungen

HR Business Transparency Consulting empfiehlt in der Kommunikation neben dem Stolz über die positiven Ergebnisse einen Fokus auf die folgenden Arbeitsfelder im Hinblick auf sichtbare Verbesserungen zu legen:

1. Klare und wertschätzende Kommunikation über die Vergütung/das Vergütungssystem
2. Direkte und ehrliche Kommunikation (insbesondere in Ort B)
3. Verbesserung der internen Arbeitsabläufe und der internen Kommunikation
4. Aufgabenklarheit (Passgenauigkeit zur Position und Kenntnisse im Arbeitsumfeld über die eigenen Aufgaben).[77]

Da die Glaubwürdigkeit der Geschäftsführung beim Ansinnen, in diesen Bereichen/Arbeitsfeldern nachhaltige Verbesserungen zu erzielen, abhängt, empfiehlt HR Business Transparency Consulting:

1. Jedem dieser vier Arbeitsfelder einen Verantwortlichen aus dem Management und ein Zieldatum (Umsetzung der Verbesserung) zuzuordnen.
2. Einen Zeitpunkt für ein Review der Verbesserungen und ggf. auch die nächste Mitarbeiterbefragung offen und verbindlich zu kommunizieren.

---

77 Dieses Arbeitsfeld ist sicher im Zusammenhang mit der Verbesserung der internen Arbeitsabläufe zu sehen.

Anlage E: Antworten auf offene Fragen bei einer Mitarbeiterbefragung

Im Folgenden findet sich ein wertvoller »Blumenstrauß« von Anregungen aus Antworten, die sich bei einer Mitarbeiterbefragung eines Dämmstoffherstellers 2007 bei den offenen Fragen ergeben haben.

Organisatorische Strukturen
- keine ausreichende Nachbesetzung freiwerdender Positionen
  - Sonderfall: Produktionsleiter
- personelle Kapazitäten nicht ausreichend (Produktion ohne Führung)
- Ansprechpartner für Produktion und Bindeglied zum Werkleiter wird fehlen
- Doppelfunktion nicht ausreichend – Produktionsleiter muss vor Ort sein
- zu viele Aufgaben werden auf Mitarbeiter verteilt, die schon ausgelastet sind; schlechtes Arbeitsklima (äußerte sich in sehr emotionaler Diskussion)
- Labor ohne Führung (…)
- Keine richtige Werksassistenz – Vertretungsregelung überdenken

Management
- Produktqualität statt Quantität sollte Ziel sein!
- Fokus Qualität statt Ordnung und Sauberkeit
- Es fehlen Produktinnovationen (bspw. …-Ware)
  - bei Glaswolle muss Palette erweitert werden
  - Forschung und Entwicklung: Existiert diese Abteilung überhaupt?
- Mitarbeiterbindung steigern – viele Know-how-Träger verlassen Unternehmen (Neubau … Werk)
- Verlässlicher Partner?
  - Kurzfristige Entscheidungen statt langfristiger Planung
  - Guter Absatz: Märkte & Kunden werden nicht mehr bedient
  - Schlechter Absatz: Alte Kunden müssen zurückgewonnen werden
- Erfolgsbeteiligungen für alle Mitarbeiter gewünscht

Produktion
- Probleme mit dem Arbeitsschutz:
  - Gefahr für Mitarbeiter durch alte und abgenutzte Arbeitsmaterialien (z.B. Sägeblätter)
  - Dringend erforderliche Sanierung der Nasszellen, Umkleiden und Toiletten in … – Krankheitserreger
  - Kälte in Großgebindehalle – Einschränkungen durch Arbeitsstättenverordnung: < 0°C kein Arbeiten erlaubt
  - Taubendreck im Lager – Krankheitserreger, darüber hinaus Reklamationsgrund
  - Alter Plattenstapler muss weg

Qualität
- Stabilere Produktqualität (Neue 500er Maschine liefert schlechtere Qualität als alte 400er – weniger Menge – mehr Qualität!)
- Folie verbleicht zu schnell – Gefahr von Reklamationen

Sonstiges
- Ansprechpartner für Zerfaserungsprozess/-maschine notwendig
- Wiederaufleben des internationalen Erfahrungsaustausches in den verschiedenen Produktionsbereichen (Zerfaserungs-, Linienteams …)
- Budget für kleine bis mittlere Instandhaltung wieder einführen bzw. erhöhen (Bsp.: Ersetzen des Sägeblattes)
- Dauer der Genehmigung zu lang – Kompetenzbeschneidung der Werke
- Pforte wieder besetzen – Mitarbeiter in Produktion können nicht prüfen, ob Personen gerechtfertigt Werk betreten
- Untersuchung der Betriebsärztin in entsprechenden Räumlichkeiten

Personal
- Kaum Stellenbeschreibungen vorhanden (…) – Zweifel an richtiger Eingruppierung
- Überstundenregelung für Angestellte soll überdacht werden
  - Kappung bei 25 Stunden erhöhen, da aufgrund der dünnen Personaldecke diese Mehrarbeit notwendig ist
- Regelmäßige Befragung beibehalten
- Neues Englischkurssystem wird nicht akzeptiert (Urlaub und Samstage dienen der Erholung)

Informationen

- Informationsfluss im Unternehmen muss verbessert werden
- Informationen übers Unternehmen kommen z. T. vom Kunden
- Informationen über Gespräche mit Kooperationen müssten den GVLs zur Verfügung gestellt werden
- Kunden müssen über Neubesetzung der Gebiete informiert werden
- Kontaktdaten des neuen GVLs weitergeben

Vertrieb

- Prämienvereinbarung nicht erst Mitte des Jahres
  - Hauptziel: Gehaltskürzung
- kein Mitspracherecht der Mitarbeiter (Punkte schon festgelegt)

Gemeinsam

- konstruktives Miteinander auch in Problemsituationen
  - bspw. Reklamationen – Produktion vs. Vertrieb

Anlage F: Beispiel einer Befragung zur Zufriedenheit der HR-Kunden

Befragung der internen Kunden der HR Funktion 20xx

Als Führungskraft unseres Unternehmens haben Sie die Möglichkeit, die Human Resources Funktion mitzugestalten und weiterzuentwickeln durch ehrliches, offenes und vertrauliches Feedback über die Qualität unserer Dienstleistungen.

Mit diesem Fragebogen ersuchen wir Ihr Feedback über unsere Unterstützung und Dienstleistung. Ziel ist es, unsere Möglichkeiten besser mit Ihren derzeitigen Erwartungen und zukünftigen Bedürfnissen abzugleichen.

Herzlichen Dank für Ihren Beitrag!

Ihr Feedback an HR

A	Allgemeine statistische Fragen	
A.1	Mein Standort	☐ *Standort A* ☐ *Standort B*
A.2	Mein Bereich	☐ *Geschäftsführung* ☐ *Finanzen / Controlling / IT* ☐ *Produktion* ☐ *Quality* ☐ *Technik* ☐ *Supply Chain* ☐ *Logistik* ☐ *Einkauf* ☐ *Betriebsrat*
B	Allgemeine Fragen zur Rolle von HR	
B.1	**Bitte wählen Sie genau 2 Rollen:** Für mich ist HR ☐ ein **Strategischer Partner**, der die Personalstrategie an den Business-Erwartungen ausrichtet und dabei hilft, dass die Visionen und Ziele des Unternehmens erreicht werden ☐ ein **Administrativer Experte**, der Prozesse und Instrumente liefert, um Personalprozesse effektiv und effizient zu gestalten ☐ ein **Employee Experte**, der dabei hilft, Motivation und Fähigkeiten der Mitarbeiter zu entwickeln und dabei die Belange der Mitarbeiter, Führungskräfte und Arbeitnehmervertretungen berücksichtigt ☐ ein **Change Agent** (Bote des Wandels), welcher maßgeblich den Kulturwandel im Unternehmen beeinflusst	

1	**HR Richtl. und Business-Erwartungen**	*Meine Bewertung:*	**Wichtigkeit für mich:**
1.1	HR kommuniziert effizient Änderungen von Richtlinien und Vereinbarungen (z.B. Betriebsvereinbarungen)	☐ *stimme voll zu* ☐ *stimme zu* ☐ *stimme nicht zu* ☐ *stimme überhaupt nicht zu*	☐ *sehr wichtig* ☐ *sehr wichtig* ☐ *eher unwichtig* ☐ *unwichtig*
1.2	HR passt seine Programme und Maßnahmen proaktiv und kontinuierlich Veränderungen in unseren Geschäftserwartungen an (Adaption)	☐ *stimme voll zu* ☐ *stimme zu* ☐ *stimme nicht zu* ☐ *stimme überhaupt nicht zu*	☐ *sehr wichtig* ☐ *sehr wichtig* ☐ *eher unwichtig* ☐ *unwichtig*

Ihr Feedback an HR

1.3	HR kann neue Programme und Maßnahmen (z.B. Weiterbildungsprogramme, neue Richtlinien und Betriebsvereinbarungen) entwickeln, die unsere Geschäftsentwicklung unterstützen (Innovation)	□ stimme voll zu □ stimme zu □ stimme nicht zu □ stimme überhaupt nicht zu	□ sehr wichtig □ sehr wichtig □ eher unwichtig □ unwichtig
1.4	HR stärkt die Werte und Leistungsmaßstäbe des Unternehmens	□ stimme voll zu □ stimme zu □ stimme nicht zu □ stimme überhaupt nicht zu	□ sehr wichtig □ sehr wichtig □ eher unwichtig □ unwichtig
1.5	Die Informationen von HR sind für mich leicht verständlich	□ stimme voll zu □ stimme zu □ stimme nicht zu □ stimme überhaupt nicht zu	□ sehr wichtig □ sehr wichtig □ eher unwichtig □ unwichtig
1.6	HR ist bei meinen Projekten als Strategischer Partner häufig eingebunden	□ stimme voll zu □ stimme zu □ stimme nicht zu □ stimme überhaupt nicht zu	□ sehr wichtig □ sehr wichtig □ eher unwichtig □ unwichtig
2	**Recruitment/Beschaffung**	**Meine Bewertung:**	**Wichtigkeit für mich:**
2.1	Unser Beschaffungsprozess ist geeignet, um benötigte Mitarbeiter mit hoher Qualität zu beschaffen (Prozess)	□ stimme voll zu □ stimme zu □ stimme nicht zu □ stimme überhaupt nicht zu	□ sehr wichtig □ sehr wichtig □ eher unwichtig □ unwichtig
2.2	Ich bekomme während des Beschaffungsprozesses ausreichend Unterstützung von HR (Service)	□ stimme voll zu □ stimme zu □ stimme nicht zu □ stimme überhaupt nicht zu	□ sehr wichtig □ sehr wichtig □ eher unwichtig □ unwichtig
2.3	Ich fühle mich über den Verlauf des Beschaffungsprozesses ausreichend von HR informiert (Transparenz)	□ stimme voll zu □ stimme zu □ stimme nicht zu □ stimme überhaupt nicht zu	□ sehr wichtig □ sehr wichtig □ eher unwichtig □ unwichtig
2.4	Ich bin mit der Geschwindigkeit von Personalbeschaffungen zufrieden (Resultat)	□ stimme voll zu □ stimme zu □ stimme nicht zu □ stimme überhaupt nicht zu	□ sehr wichtig □ sehr wichtig □ eher unwichtig □ unwichtig

Ihr Feedback an HR

3	Weiterbildung	Meine Bewertung:	Wichtigkeit für mich:
3.1	Die Weiterbildungsprogramme von HR helfen mir, meine Fähigkeiten als Manager weiterzuentwickeln	☐ stimme voll zu ☐ stimme zu ☐ stimme nicht zu ☐ stimme überhaupt nicht zu	☐ sehr wichtig ☐ sehr wichtig ☐ eher unwichtig ☐ unwichtig
3.2	Die Weiterbildungsprogramme von HR helfen mir, die Fähigkeiten meiner Mitarbeiter weiterzuentwickeln.	☐ stimme voll zu ☐ stimme zu ☐ stimme nicht zu ☐ stimme überhaupt nicht zu	☐ sehr wichtig ☐ sehr wichtig ☐ eher unwichtig ☐ unwichtig

4	HR Service Qualität	Meine Bewertung:	Wichtigkeit für mich:
4.1	Responsiveness: Die HR-Mitarbeiter reagieren angemessen auf meine Wünsche und können einen Qualitätsservice liefern.	☐ stimme voll zu ☐ stimme zu ☐ stimme nicht zu ☐ stimme überhaupt nicht zu	☐ sehr wichtig ☐ sehr wichtig ☐ eher unwichtig ☐ unwichtig
4.2	Timeliness: Ich kann die HR-Mitarbeiter erreichen und bekomme in angemessener Zeit Antworten.	☐ stimme voll zu ☐ stimme zu ☐ stimme nicht zu ☐ stimme überhaupt nicht zu	☐ sehr wichtig ☐ sehr wichtig ☐ eher unwichtig ☐ unwichtig
4.3	Expertise: Die HR-Mitarbeiter haben ausreichend Fachwissen und Erfahrungen.	☐ stimme voll zu ☐ stimme zu ☐ stimme nicht zu ☐ stimme überhaupt nicht zu	☐ sehr wichtig ☐ sehr wichtig ☐ eher unwichtig ☐ unwichtig
4.4	Clarity: Die Informationen von HR erhalte ich verständlich und korrekt.	☐ stimme voll zu ☐ stimme zu ☐ stimme nicht zu ☐ stimme überhaupt nicht zu	☐ sehr wichtig ☐ sehr wichtig ☐ eher unwichtig ☐ unwichtig
4.5	Trustworthy: Die Mitarbeiter im HR-Bereich sind diskret und ich kann ihnen vertrauliche Informationen anvertrauen.	☐ stimme voll zu ☐ stimme zu ☐ stimme nicht zu ☐ stimme überhaupt nicht zu	☐ sehr wichtig ☐ sehr wichtig ☐ eher unwichtig ☐ unwichtig

Ihr Feedback an HR

4.6	Objectiveness: HR behandelt alle Mitarbeiter und Führungskräfte gleich und ist nicht beeinflusst durch persönliche Beziehungen oder Emotionen.	□ *stimme voll zu* □ *stimme zu* □ *stimme nicht zu* □ *stimme überhaupt nicht zu*	□ *sehr wichtig* □ *sehr wichtig* □ *eher unwichtig* □ *unwichtig*
4.7	Openness: Die Mitarbeiter im HR-Bereich sind offen und höflich.	□ *stimme voll zu* □ *stimme zu* □ *stimme nicht zu* □ *stimme überhaupt nicht zu*	□ *sehr wichtig* □ *sehr wichtig* □ *eher unwichtig* □ *unwichtig*
5	**Gesamtzufriedenheit**	***Meine Bewertung:***	
5.1	Wie sind Sie insgesamt mit HR zufrieden?	□ *sehr zufrieden* □ *zufrieden*	□ *unzufrieden* □ *sehr unzufrieden*
6	**Ihr persönlicher Kommentar**	***Mein Kommentar:***	
6.1	Welches sind für Sie die drei größten Stärken von HR?	1 .... 2 .... 3	
6.2	Was sind aus Ihrer Sicht die drei wichtigsten Dinge, die HR verbessern muss, um Ihnen zu helfen, als Führungskraft erfolgreich zu sein?	1 .... 2 .... 3	

Danke für Ihren wertvollen Beitrag!

Wir strengen uns an, um die Geschäftsanforderungen
und Ihre Erwartungen zu erfüllen.

Abbildungsverzeichnis

Tabellenverzeichnis

Über den Autor

Volker Nürnberg ist Diplom-Statistiker (Univ. Dortmund/Sheffield) und arbeitete über 20 Jahre in Leitungsfunktionen im internationalen Personalmanagement bei verschiedenen Unternehmen im Bereich Fast-Moving-Consumer-Goods, der Baustoff- und pharmazeutischen Industrie. Seit 2014 ist er Managementberater und Interim-Manager. Seit über 10 Jahren trainiert er zudem Personalmanager zu unterschiedlichen Fachthemen, auch international. Volker Nürnberg spricht Deutsch, Englisch und Spanisch und hat gute Grundkenntnisse im Türkischen aufgrund eines Projektes in der Nähe von Ankara in den Jahren 2008/2009.

HƎUFE.

Ihr Feedback ist uns wichtig!
Bitte nehmen Sie sich eine Minute Zeit

https://www.haufe.de/umfrage/hr